袁庚傳奇

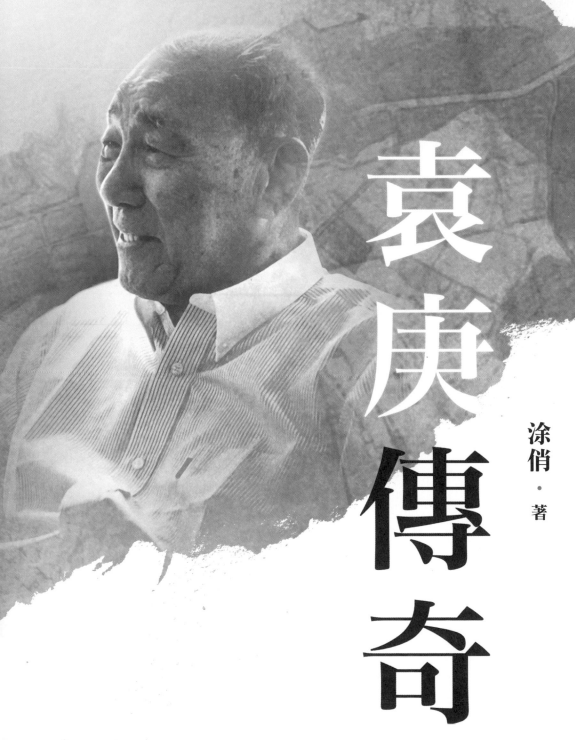

袁庚傳奇

涂俏 · 著

香港中和出版有限公司
www.hkopenpage.com

袁庚敢於衝破傳統思想的羈絆，在荊棘叢中殺出了一條血路，
響亮地提出「時間就是金錢，效率就是生命」的口號，震動全國

老戰友鍾原終生珍藏的一張袁庚照片。鍾原是袁庚小
學同班同學、入黨介紹人。這是 1949 年，袁庚擔任兩
廣縱隊炮兵團團長時的留影。1949 年 10 月，袁庚帶
領炮兵團，攻打伶仃洋上的大鏟島，解放了他的家鄉

20 世紀 50 年代初，袁庚出國護照上的標準照。由於工作人
員的疏忽，原名袁更的「更」字被誤寫成為「庚」字，一直將
錯就錯，沿用至今

1950 年 4 月，袁庚（後排右一）離境前往越南，成為秘密援越情報小組成員，兼任胡志明情報與
炮兵顧問。這是情報小組部分成員在廣西北海火車站候車時的合影

1974 年，袁庚出獄後與夫人汪宗謙在頤和園合影。這是袁庚的兒子袁中印自認為給父母拍得最好的一張照片。袁庚秘密被捕入獄 5 年半杳無音訊，夫人汪宗謙在週末以及節假日跑遍了北京、天津和河北的絕大部分醫院、停屍房尋找袁庚，不離不棄，一直獨立拉扯 3 個孩子

袁庚（右三）在印度尼西亞雅加達任領事期間親自到現場處理僑胞的投訴案件

1966 年 6 月至 1967 年 5 月，袁庚被抽調至由外辦、僑委、外交部、交通部等單位組成的接僑辦公室工作，任組長兼光華輪黨委書記，往返印度尼西亞接僑。圖為袁庚（右立者）在光華輪上向歸國難僑講話

1978 年 6 月，61 歲的袁庚接到時任交通部部長葉飛交付的一項特殊任務：調查研究如何進一步辦好招商局。這項任務，將袁庚再次推向歷史的前台。兩個月的深入調研結束後，袁庚起草了《關於充分利用香港招商局問題的請示》，經交通部黨組討論後，10 月 9 日，上報中共中央和國務院。這份文件，大大擴充了招商局的經營自主權，盡可能擺脫了舊的經濟體制羈絆，老舊的招商局從此再度啟航。

與此同時，交通部開始重組招商局的領導班子，交通部副部長曾生兼任招商局董事長，袁庚任常務副董事長。1978 年 10 月，袁庚赴香港工作，成為招商局「第 29 代掌門人」。

在此後近 15 年的歲月中，袁庚致力於打造蛇口工業區 —— 中國最先改革最先開放最先崛起的「試管」，成為中國改革開放實際運作的先行者。圖為 1982 年 3 月 22 日，葉飛（左）專程到蛇口工業區看望老部下袁庚（右），並視察工業區

1979 年 7 月，招商局蛇口工業區在蛇口南山腳下進行了開山填海建港的第一次大爆破，使用炸藥 10 噸，它猶如一聲春雷，預示着中國改革開放春天的來臨，被稱之為中國改革開放的「第一爆」

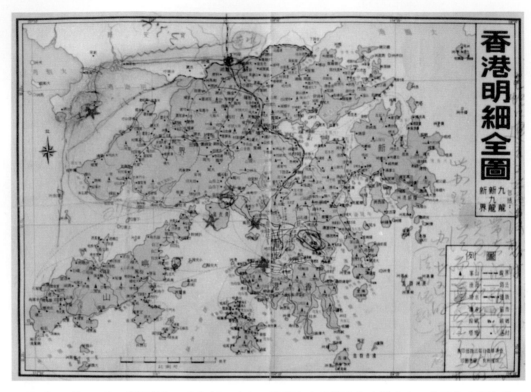

1979年1月31日，農曆羊年，大年初四上午，袁庚在中南海李先念辦公室，向李先念副主席、谷牧副總理彙報：交通部已與廣東省委商妥，在廣東寶安地區建立一個招商蛇口工業區，並展開他隨身帶去的這張香港明細全圖，請中央大力支持。李先念用袁庚遞過來的鉛筆，在地圖的左上角，廣東省寶安縣南頭半島的根部畫了兩根線，足足有30多平方公里給他。袁庚只要了2平方公里多一點的蛇口。這幅香港地圖上，南頭半島北端李先念所畫的鉛筆線條，至今清晰可見

這是最早的一份招商局蛇口工業區平面規劃圖。該圖製作時間為 1980 年 4 月

2003 年 7 月 1 日，中華人民共和國香港特別行政區首任行政長官董建華在特首府為袁庚頒授「金紫荊勳章」

目　錄

第一章

三黨爭奪
「狗嚎仔」選擇共產黨

1939 年 3 月 27 日，大鵬半島已是春暖花開的季節。在大鵬區王母圍光德小學的一間教室裡，在入黨介紹人黃聞、鍾原的見證下，歐陽珊面對鐮刀斧頭的黨旗，舉起右手，莊嚴地宣誓：

　　「我自願加入中國共產黨⋯⋯」

袁庚，出生時父母為他取名歐陽汝山。小學畢業那年，他自己改為歐陽珊。珊，即珊瑚。父親是海員，他也嚮往大海。秘密加入共產黨以後，為了家人的安全，他更名改姓，母姓袁，他就叫袁更。且慢，事情並沒有結束。中華人民共和國成立之初，他因公出國，護照上被人誤寫為袁庚，這個誤寫一直「誤」到現在。歐陽汝山—歐陽珊—袁更—袁庚，一生三易其名，在個人標籤上三次改換「馬甲」。

歐陽汝山，1917年4月23日生於廣東省寶安縣大鵬區王母圩水貝村（現深圳市大鵬新區水貝村）。承接他到這個世界上來的，是一座矮矮的磚瓦房，嶺南特有的鄉間民居。關於他的生日，有一說，說是1917年清明節，清明上鬼節，鄉裡人認為鬼節生的孩子挺鬼的。這一說，是他自己於2005年5月23日對筆者講述的，有錄音與筆記可查。長大後，社會上改用公曆紀年，他把農曆的生日改為公曆4月23日。其實，1917年清明那天，農曆是閏二月十四日，公曆是4月5日，並非他所說的4月23日。此處存疑。

1949年任兩廣縱隊炮兵團團長時的袁庚。日軍發動全面侵華戰爭後，袁庚積極投身抗日宣傳，參加大鵬抗日自衛隊，加入廣東人民抗日遊擊隊東江縱隊，戰鬥在抗日第一線。在此期間，參與了著名的「香港大營救」行動。1944年8月，袁庚受命負責東縱的情報工作，和美軍交換日軍的情報。抗戰勝利後，袁庚隨東江縱隊北上，參加了豫東戰役、淮海戰役，隨後南下廣東率炮兵團解放了惠東地區

袁庚家鄉水貝村的大門。水貝村也就是今天深圳市大鵬新區水貝村

1917 年 4 月 23 日，袁庚出生在廣東省寶安縣大鵬區王母圩水貝村。圖為袁庚出生居住的水貝村西頭老屋。袁庚曾經在秦城監獄，寫下自己身世與「東縱」歷程：「1917 年，袁庚生於廣東省寶安縣大鵬區王母鄉水貝村。父叫歐陽亨，自少年起至晚年一直是海員。母袁燕，家庭婦女。袁庚為長子，下有二弟：歐陽汝川、歐陽汝杭。他從小由家庭訂下婚姻，1938 年結婚，女方陳碧仙，婚後生有一子，1945 年，母子遇難。」

「當時想向上爬」

　　歐陽汝山生於一個半工半農的家庭。父親歐陽亨,自少年時期就是「打工一族」,經香港到海上打工。水貝村年輕人大都去香港當海員。當時,世界上有兩大郵輪公司,一是美國人的總統輪船公司,一是英國人的皇后輪船公司。歐陽亨在這兩家公司打過工,當侍應生,後來還當了小領班。父親曾告訴歐陽汝山一個小故事:當侍應生時,只允許打碎兩隻杯子,沒有打碎杯子的話,公司年底會折合獎金發放給個人。這一允許犯錯的招數日後被袁庚廣泛應用,他是允許手下人犯錯的,包括他自己,但犯錯是有限度的。

　　母親袁燕,村裡人叫她袁燕姐,一個普通的農家婦女,是種田能手,也是克勤克儉治家能手。歐陽亨打工寄來的錢,除了家用,她一個銅板一個銅板積攢下來,與伯父合資置辦果園。土改中,歐陽亨家第一次劃為上中農,復查時被評為地主,成為專政對象。

　　位於大鵬半島中端的水貝村,東臨大亞灣,西近大鵬灣。當時從水貝下海到香港大埔,再去本島或港口,不需任何關卡手續,只要有錢搭船就行,是很方便的。歐陽亨所服務的輪船每年都會停泊香港,或在港大修。他每年回家一兩次,把工資帶回家。汝山多次隨母親赴港,與父親會面。這個農家的孩子雖然淘氣,卻懂得生活的艱辛,見過世面,思維活躍,鬼點子多。

袁庚母親袁燕

20 世紀 40 年代末，大鵬區人民政府贈給袁庚家的
「光榮之家」牌匾（牌匾上的「歐陽山」即袁庚）

袁庚舊居

袁庚用過的書桌

袁燕一共生了 5 胎，全是男孩，前兩個先後夭折，汝山遂成了老大。她沒有文化，吃盡了沒有文化的苦，希望孩子尤其是汝山好好讀書，帶個好頭，成為有出息、體面、賺大錢的人。

　　1923 年，汝山在水貝村私塾讀了一年，念《三字經》，學些「子曰：學而時習之，不亦樂乎」之類。隨後在松山小學就讀兩年，轉入王母圩新民小學，1930 年畢業。他讀書成績很好，差不多年年考試第一名。有一兩次得了第二名，他很傷心，獨自躲起來悄悄流眼淚。他語文成績特別好，數學稍遜。初中時，儼如文藝小青年，寫過一篇「光陰如流」之類的詩，向大鵬旅美華僑贊助的《大鵬魂》民間刊物投寄，立即被採用，還領到一點點潤筆費。

　　1931 年下半年，已經更名為歐陽珊的 14 歲少年，在廣州遠東補習學校補習了幾個月後，在廣州參加初中入學考試，以全省會考第八名的成績，順利進入廣東省一中（廣雅中學）讀書。從此，世界在這個農村孩子面前，展開更加真實的波雲詭譎的一面。他剛入學便受進步同學影響，參加中山大學、廣雅中學等廣州大中學校師生聯合舉辦的「九一八」抗日示威請願活動，第一次受到愛國教育的洗禮。

　　1934 年夏季，歐陽珊初中畢業。此時，父親歐陽亨年老體弱，已經辭工回鄉，再也無力為他支付每年 300 元左右的學習、生活費用了。他不得不中斷學業，返回家鄉。

　　他不甘心屈居水貝村，希望有更大的平台讓他施展拳腳。

　　「當時想向上爬，幻想找一個『理想』的出路，曾四處打聽張羅就業。」

　　1968 年 4 月 17 日，袁庚被關押在秦城監獄數日後，主動向專案組進行書面申訴，對被誣陷為「美國特務」的罪名展開辯證。他如實交代

袁庚兒時就讀的水貝村私塾。「1930年袁庚到廣州考試,讀小學時用古文授課和作文,直至今天仍可以一字不漏地背出《滕王閣序》,所以以全市會考第八名的成績考入廣雅中學。廣雅是廣州最好的學校。」(陳敬堂,《香港抗戰英雄譜》,中華書局(香港)有限公司,2014年版)

水貝村村口「司馬第」字樣的石碑

個人生平，坦白在 20 世紀 30 年代中葉有「向上爬」的野心。在那個不作踐、醜化自己就不算認罪的年代，他把農村青年想找份工作養家糊口，這一真實且自然的想法，概括為「想向上爬」，並不是給自己戴政治帽子，矮化自己，而是當時真實的認知水平。

從養成所到燕塘軍校

　　歐陽珊把目光轉向國民黨空軍學校，提出報考空校當學員，遭到家人強烈反對。就在翅膀尚未張開就要折斷的時候，省民政廳下轄的「地政人員養成所」面向全省招收學員。歐陽珊一箭中的，考取了測量學校。這個學校設兩個專業，一是圖報科，需高中學歷；一是測繪班，只需初中畢業。他考取的是測繪班。

　　歐陽珊趕回水貝村，奉父母之命，依媒妁之言，重蹈他父母婚姻被長輩操縱、包辦的命運，與陳碧仙完婚。不久，育有一子，名叫歐陽天羽。

　　1935 年下半年，歐陽珊畢業後被分配到養成所第四十測量隊當測量員，也兼繪圖。每月薪水 30 元，除自用外，他領了錢即刻匯寄十元八塊回家。養成所的任務是在全省測量農村田畝，以利於稅收。他奉命在南海縣石灣，番禺縣筆村、江村、上下川島等地測繪田畝，東奔西走，日曬雨淋，生活艱苦，收入微薄。他辛辛苦苦累了一年，漸漸不安心，開始四處打探，謀劃另棲高枝。

　　1936 年秋，原設立在廣州燕塘的廣東軍事政治學校被蔣介石南京政府改為中央陸軍軍官學校廣州分校，抗戰爆發後改為中央軍校第四分校，習慣上亦稱黃埔燕塘軍校或燕塘軍校。

　　受祖輩們「天下興亡，匹夫有責」「精忠報國」的影響，在日寇強佔

東三省，大舉進犯華北，國難當頭之際，歐陽珊有志於從戎報國。當燕塘軍校招收學員的公告發佈之後，他與一些同事一腔熱血前去報名投考。他如願了，1936 年八九月間被錄取，成為中央軍校廣州分校學員總隊地政大隊學員。

燕塘的軍校承繼了孫中山先生創立、國共兩黨合辦的黃埔軍校傳統，軍事科目正規、扎實。歐陽珊在實彈射擊、測量測繪方面受益匪淺。可是，他受不了政治部強詞奪理，咄咄逼人的「黨國」啊、「忠誠」啊的訓導，看不慣教員間的勾心鬥角，反感大隊長與中隊長們的爾虞我詐。地政大隊大隊長熊翼中校一提到蔣委員長立即「啪」的一聲立正，挺胸昂立，一副效忠黨國至死不渝的樣子。歐陽珊初始是相信他的，相處了一些日子，漸漸發現此人是個身披校服的流氓。開初，地政班有 180 多名學員，每人每月需繳交 9 元伙食費，他竟然每人頭上扣 3 元，作為供他吃花酒、逛窯子、養小三和下賭場的部分費用。許多同學對這種軍校很是失望，紛紛請假離隊，大中隊長們一一照准，藉此吃空額。所有的克扣、貪污都毫不隱諱，簡直是明火執仗，攔路打劫。

時局維艱。「九一八」事變後，日本侵略軍步步緊逼，國民政府節節敗退，前方吃緊，後方緊吃。歐陽珊失望了。

他原以為考進軍校，可以早日實現報國夢。豈料踏進燕塘軍校不久，夢想就被擊得粉碎，對個人前途異常悲觀。廣州是具有革命傳統的神奇之地，在國民黨鉗制言論的恐怖環境裡，一些書攤上仍有魯迅、鄒韜奮等人抨擊黑暗，呼喚團結救亡的文字面世。這些作品，對歐陽珊具有啟蒙開智的作用，引領他去思考，去探索。「七七」事變後，軍校的訓練時斷時續，人心渙散，同學們紛紛請假離校，另謀出路。1937 年八九月間，在苦悶、彷徨、失望中，歐陽珊離開了地政大隊，回歸鄉間。

1936 年，袁庚考入中央陸軍軍官學校廣州分校（中央軍校第四分校）

桂山鐘樓是中央軍校第四分校的遺址。袁庚就讀的燕塘軍校遺址已經蕩然無存

「我自願加入中國共產黨」

　　水貝村村口的石牌上有一副對聯，「水能育萬物物華天寶，貝殼富諸人人傑地靈」。歐陽在水貝是大姓。歐陽珊聽老人說，歐陽人家是從河南葉縣南遷至廣東的。筆者在 2005 年前後十一次在水貝採訪，尋找歐陽家先人的足跡。據村裡一位叫歐陽國財的老人說，水貝的歐陽宗親是從江西廬陵（今吉安市）南下至此，他還展示了一張自己繪製的宗譜圖。在水貝，人與地共榮共生，外地勢力很少進入。

　　歐陽珊一回來，三股政治勢力的目光都聚焦在這個瘦高的男人身上。

　　還是在 1937 年上半年，國民黨為了擴充力量，爭奪青年，對燕塘軍校的學員，不管個人意願如何，堅決「一刀切」，把學校的全部學員「切」進國民黨的山頭之內。參加國民黨的儀式是按中隊分別進行的，不用個人申請、填表，也不用考察，你的姓名只要在中隊花名冊裡就行了，就算你集體報名了。熊翼在儀式上訓話，然後就拿「一個領袖一個主義」的題目佈置全體學員討論，發言者寥寥，幾個中隊長說了一通後，宣佈儀式結束。

　　國民黨大鵬區黨部負責人蔡克明像章魚一樣將觸鬚伸向每個角落，在青年中大力發展國民黨員。他盛情邀請歐陽珊參加發展國民黨獻策座談會，還動員他去區黨部進行國民黨黨員登記，被一口回絕了。

蔡克明第二次來找歐陽珊，堅持說，「你已經在軍校集體入了黨，有據可查，不管是否登記，總歸就是國民黨黨員」。歐陽珊請他把有自己親筆簽名的申請表拿出來，「上面有我的簽名，我立馬就加入，不用你費心」。

　　「你個狗嚓仔！」蔡克明碰了一鼻子灰。

　　從此，歐陽珊有了個諢名——「狗嚓仔」。

　　總部設在香港的社會進步黨，在澳門、廣州、上海都有分支機構，亦有一批黨員。這個黨既反對國民黨，也不贊成共產黨，社會上稱之為第三黨。歐陽珊回村不久，應新民小學校長王仲芬的邀請，回母校幫課。社會進步黨在寶安一帶發展黨員，請歐陽珊入黨，他的回答是——君子不黨。

　　他還以同樣的理由，謝絕了共產黨基層組織對他的邀請。

　　事實上，在他離開家鄉的這幾年裡，中共惠（陽）寶（安）工委在大鵬地區開展了卓有成效的工作，基層黨組織發展迅速。在新民小學和區內其他小學的教師隊伍中，在鄉村的青年知識分子裡，不少人已經秘密參加了共產黨，並積極在進步青年中發展黨員，壯大黨的隊伍。

　　1938 年夏天，剛從葵涌的競新小學轉到大鵬城教書的黃國偉老師，是中共惠寶工委裡最年輕的共產黨員，他的秘密任務是在大鵬開展黨建和救亡工作。惠寶工委欲組建惠寶人民抗日游擊總隊，急需歐陽珊這樣的軍校生。黃國偉指派建黨對象黃聞密切接觸歐陽珊，對他進行啟蒙教育，無奈收效甚微。黃國偉親自出馬，在小茶寮裡與歐陽珊長談兩個小時，邀請他加入組織，他表示容他考慮一下。第二天，黃國偉走進學校，即收到歐陽珊託門房轉交給他的信，信裡只有兩行字：「本人保持中立，堅決不參加任何黨派。」

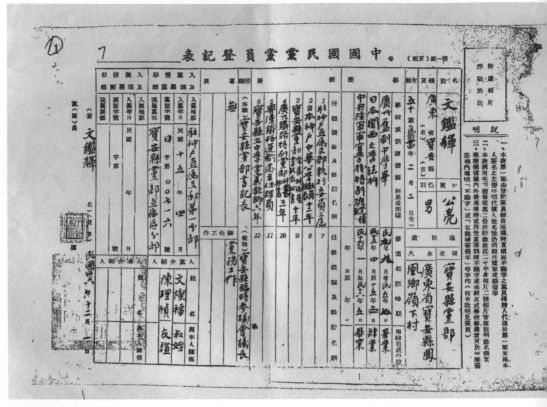

中國國民黨黨員登記表。在 1937 年上半年，國民黨為了擴充力量，爭奪青年，對燕塘軍校的學員，不管個人意願如何，堅決「一刀切」，把學校的全部學員「切」進國民黨的山頭之內

到了十月初，大鵬區第一個黨小組成立以後，黃國偉指派鍾原老師動員歐陽珊參加地下黨在新民小學開辦的讀書會，團結、教育、爭取他。鍾原抽空趕赴水貝村，上歐陽珊家登門拜訪，喝茶聊天，留下《共產黨宣言》《西行漫記》兩本書請他看看。隨後，歐陽珊參加了讀書會，加入了海岸流動話劇團。在共產黨員黃聞、鍾原、王柏等同志的影響和帶動下，他開始參加抗日救亡活動，並在各項活動中展現出非凡的才幹與能力。為宣傳群眾，教育群眾，黨組織決定開辦夜校和讀書會。歐陽珊不僅撰寫具有鼓動性的招生廣告，還把 60 多名學生帶到海邊游泳，教唱抗戰歌曲，佈置的作業是回家向父母宣傳上夜校的好處，動員父母上夜校。促使學生家長紛紛上夜校，甚至出現白天小孩上學，晚上大人入讀的新景觀。

新組建的大鵬抗日自衛隊，賴仲元是小隊長，歐陽珊為這支鬆散的地方武裝上軍事課。這支隊伍於 1947 年編入東江縱隊。

在組織的安排下，1939 年，年僅 22 歲的歐陽珊被推舉為大鵬區區立第一小學校長。學校青年教員中，有不少是共產黨員。

這個時候的歐陽珊，對共產黨的宗旨、作用，有了較清醒、準確的認識。所以，當黃聞正式找他談話，考察他對共產黨的認識，詢問他是否願意參加這個組織，為中華民族的解放和共產主義奮鬥終生的時候，他的回答是肯定的，唯一擔心的是自己是否符合標準。

1939 年 3 月 27 日，大鵬半島已是春暖花開的季節。在大鵬區王母圍光德小學的一間教室裡，在入黨介紹人鍾原、賴仲元的見證下，歐陽珊面對鐮刀斧頭的黨旗，舉起右手，莊嚴地宣誓：

「我自願加入中國共產黨……」

1980 年春節，袁庚（後排左二）帶領全家返鄉，在他年輕時曾任職的小學前拍下這張全家福

第二章

「我歷史上就是『特務』」

1987 年，香港招商局常務副董事長、深圳蛇口工業區管理委員會主任袁庚訪美，接受美國邀請參加美國費城舉行的憲法起草 200 周年紀念典禮。美方在會上介紹他，並授予一面褒獎牌，感謝他在二戰期間做出的貢獻。

華南民間抗日第一槍

1938 年 10 月中旬，日軍為了切斷中國海上通道，配合奪取武漢重地，迫使國民黨政府投降，發動了入侵華南的廣州戰役。中華兒女奮起抵抗，抗日烽火燃遍了南粵大地。

國民政府「雙十節」那天，駐守大亞灣的國民黨部隊高級長官們抵達香港歡度中華民國國慶，也鬆弛一下疲憊的身心。10 月 12 日凌晨，日軍第十八師團、第一○四師團分兩路在惠陽縣大亞灣登陸，把群龍無首的海防守軍打了個措手不及，迅猛地向腹地推進。

在日軍主力登陸大亞灣的前一天，10 月 11 日，一小股日軍選擇在寶安縣大鵬鎮壩崗鄉外的海灘登陸，進行偵察佯攻任務。下午 2 點 30 分左右，壩崗鄉抗日自衛隊的哨兵發現海面上突然出現一隻電船（摩托艇）。壩崗鄉抗日自衛隊的 20 多位村民在隊長黃岸魁（壩崗小學校長兼任）的帶領下，在岸邊銀葉樹林中嚴陣以待，準備伏擊侵略者。這支民間抗日武裝，黃聞、鍾原等一批共產黨員是主力，歐陽珊是事實上的軍事教員。當時，歐陽珊手中的武器是一把農用鋤頭，黃聞等人拿的是粉槍（打獵用的土槍），陳水守着一門可以發射碎鐵渣的土炮，只有鍾原手裡有一把真正意義上的槍 —— 他未來岳父南洋華僑家裡的左輪手槍。當隊長喊「打」的時候，黃聞手裡的粉槍啞了火。鍾原的左輪也沒有「發言」，他不會使用手槍。

在艇上下來的四五個日本兵愈來愈逼近銀葉樹林的危急關頭，鍾原拿着槍依舊不知所措。歐陽珊從他手裡奪過左輪手槍，拉開保險栓，繃緊全身所有的神經瞄準敵人開槍，「砰」的一聲，子彈在飛，卻不知道飛向何方。他連開三槍，自衛隊的粉槍、土炮也一齊開火。四五個鬼子兵雖然毫髮無損，但也被搞蒙了，嚇慘了，乘摩托艇逃竄而去。

「阿珊，你好叻！」自衛隊員誇獎歐陽珊。

在南粵，一個和善的鄉村教師，打響了民間抗日第一槍。

隨後，半個連的敵軍乘十餘條摩托艇衝向壩崗海灘，在煙幕彈掩護下，用機關槍瘋狂地掃射，自衛隊寡不敵眾，被迫撤退。

次日，日軍大兵團分三路從惠陽縣大亞灣登陸。堅守新橋的國民黨軍隊進行了英勇抵抗。21 日，廣州淪陷。

1938 年 10 月，日本侵略軍強行在惠陽大亞灣登陸。「日本謀劃侵佔華南由來已久。1938 年 10 月 12 日凌晨，日軍在大亞灣登陸；21 日，佔領華南最大城市廣州。11 月 26 日，日軍攻佔寶安縣城南頭及廣九鐵路重鎮深圳，深圳地區淪陷。」（深圳博物館，《近代深圳》，文物出版社，2010 年版）

「今天起，我叫袁更」

第二次國共合作期間，在南粵大地，民間抗日組織方興未艾。歐陽珊秘密入黨後，在黨組織的安排下，出任青抗會會長。副會長由大鵬國民黨區黨部書記蔡克明擔任。青抗會的全稱是大鵬青年抗戰同志會，百分之九十以上成員是大鵬地區青年教師，是共產黨的外圍陣地，基本控制了大鵬地區的教育陣地。在歐陽珊的帶領下，青抗會開展了許多卓有成效的工作。

歐陽珊喜歡看書。在大鵬區區立第一小學的寢室裡，他把鍾原帶給他的《大眾哲學》《列寧主義問題》《論持久戰》《新青年》和延安出版的《新婦女》等全都仔細閱讀。在隨後的遊擊戰爭以及中華人民共和國成立之後，他盡可能把能找到的書都找來讀。「三更燈火五更雞」，多年的閱讀，使其理論水平與思想修養得到了提高，下筆也有如神助。

他在區一小教務處張掛了一幅自己寫的「楚雖三戶，亡秦必楚」的書法作品，遒勁有力，富有張力，蔡克明大為讚賞，想將他網羅為自己的黨羽。他創辦油印刊物《青年群眾》，草擬了極有感染力的發刊辭，賴仲元審讀時也為之動容。從這篇發刊辭及刊物的內容中，蔡克明嗅出裡面有共產黨的味道，詢問歐陽珊誰在幕後指使。歐陽珊坦承是他一個人幹的，是對獨裁賣國的聲討，喚醒民眾抗日救國，有甚麼不好呢？

這時候，中共地方黨通過青抗會在王母、鵬城、沙溪等地開辦了八

東江縱隊司令員曾生。「一九三八年十二月中旬，我們惠寶人民抗日遊擊總隊一百多人從淡水返回坪山。從此，有一年多的時間，我們以坪山為基地，開展敵後抗日遊擊戰爭，與王作堯等同志領導的東寶惠邊人民抗日遊擊大隊互相配合，並肩作戰，初步打開了東江敵後抗日遊擊戰爭的局面。」（曾生，《曾生回憶錄》，解放軍出版社，1992年版）

抗日遊擊隊在寶（安）太（平）一線打擊敵人，1939年12月1日，收復寶安縣南頭城，圖為南頭城舊址。「從一九三九年秋天開始，我們新編大隊在葵涌、鹽田、沙頭角、橫崗一帶，積極開展遊擊戰爭，與日軍作戰大小三十餘次，揭開了惠寶邊抗日遊擊戰爭新的一頁。」（曾生，《曾生回憶錄》，解放軍出版社，1992年版）

九間農民夜校和三期婦女訓練班；在部分鄉鎮組織起人民抗日自衛隊，先後動員幾十名青年參加曾生領導的抗日遊擊隊。1938 年 11 月 26 日，寶安縣全縣淪陷，縣府撤至東莞縣石馬村，縣黨部搬到了大鵬灣。

11 月底，國民黨寶安縣黨部書記文鑒輝和特派員黃賀已經注意到歐陽珊和他背後的青抗會！他們嚴詞斥責蔡克明工作不力，準備解散青抗會，挖出後面的推手。共產黨大鵬區黨部獲得這個消息後，決定以青抗會名義舉行座談會，邀請文鑒輝「蒞臨指導」，試試水的深淺。會上，文鑒輝公開表示解散青抗會，原先安排不準備發言的歐陽珊被激怒了，據理力爭，徹底暴露了自己。

「狗嘍仔。」散會後，賴仲元嗔怪他沉不住氣。

次日，賴仲元收到情報，縣黨部正式整理了一份擬實施逮捕、審訊的黑名單。這份名單上的頭一名，就是歐陽珊。

大鵬的張平說：「歐陽珊，你還是去遊擊隊吧，他們急需軍事教員，說了好幾個月了。」

日軍在大亞灣登陸的第二天，八路軍駐香港辦事處負責人廖承志召集中共香港市委書記吳有恆和中共海員工會書記曾生開會，傳達黨中央關於在東江敵後開闢遊擊區的指示。曾生奉命返回寶安坪山家鄉開展工作，利用國民黨政府組織民眾自衛隊的政令，組建起惠寶人民抗日遊擊總隊，以坪山為中心建立根據地，開展遊擊戰爭。一時之間，坪山號稱「小延安」。

初冬時節，歐陽珊告別妻兒，與另外一名地下黨員王柏趕到「小延安」，受到總隊隊長曾生的熱烈歡迎。這支遊擊隊，主要由本地青年、華僑青年、香港青年組成，絕大多數是教師或學生，人才濟濟，但軍事人員非常匱乏。

歐陽珊非常欽佩這位僅比他大 7 歲的指揮員，緊緊握住曾生的手說：「從今天起，你就叫我『袁更』吧，讓袁更跟着你，經風雨見世面。」

　　為甚麼改名為「更」？更，變更，更改，更上一層樓。參加革命，不是說自己少不更事，是希望改變。就個人而言，改變命運；就國家、民族而言，圖一個萬象更新。

　　袁更被分派至培訓室擔任軍事教員。

　　這個時候，曾生的總隊已爭取到正式番號 —— 第四戰區第三遊擊縱隊新編大隊。

恨不相逢未嫁時

袁更攬着王柏的肩,向曾生介紹說:「這是王柏,華僑學生,同鄉,我們一同逃過來的。」

曾生莞爾一笑:「又來了一位漂亮的文工團員!」

王柏,原名王秀英,自作主張更名王柏。父親是菲律賓華僑,海員,與袁更父親是世交,兩家素有往來。她從香港回大鵬,年僅 17 歲就入了共產黨。她長得白皙,文靜,大家送她一個諢名「觀音阿柏」。在《放下你的鞭子》裡,王柏扮演香姐,袁更為路人甲。他們還張貼標語,出牆報,廣泛開展宣傳活動。袁更被安排擔任區一小校長,王柏去當教員。兩人平日住校,週末結伴回家。一個小時的路程,途中有一大片墳場,他們說說笑笑就走過了。戰友情,男女愛,交織纏綿,兩人都有些惆悵。王柏直白地說:「恨不相逢未嫁時。」

袁更動員妻子陳碧仙進夜校學文化。她臨摹「白」字,袁更誇寫得不錯。她問王柏老師的名字是不是這個「白」字,幽幽地說:「我都覺得,你們好般配啊!」她可以忍耐和順從,只希望阿珊別離開自己,別離開這個家。

袁更是悄悄離開老屋的。這一別,竟然陰陽兩相隔!

1945 年 10 月,袁更還留在香港工作。他父親、妻子和兒子,還有二弟歐陽汝川從大鵬乘船去看他。就在他們返回水貝村的途中,船過大

袁庚的革命戰友王柏。在組織的安排下，1939年，年
僅 22 歲的袁庚被推舉為大鵬區區立第一小學校長。他
的革命戰友王柏在第一小學任數學老師、歷史老師。兩
人維持了一生的友情

鵬灣時被水底的魚雷炸沉，無人倖免。是誰製造了這次襲擊？直到現在都還是個謎。

在曾生部隊期間為了排遣鄉思之苦，袁更找老鄉王柏聊天。哪知道王柏比他更思念故土家園，倆人越聊越投機。在總隊經過一個半月的訓練之後，她突然接到潛伏任務，沒有向袁更道別，秘密前往高譚地區。袁更知道她奉命遠行，只能心裡默念：彼此珍重，後會有期。

曾生、王作堯兩部紀律嚴明，對日作戰英勇，深得老百姓歡迎，被國民黨視為共軍，進行圍剿。袁更隨曾生部隊倉促地從坪山轉移至高譚地區，與分別半個多月的王柏不期而遇。王柏很興奮：「阿珊哥，你們都來了，我真的很高興啊！」

當晚，袁更與曾生、梁鴻鈞、鄔強等人在同一間教室過夜。王柏點燃艾草條為他們熏蚊子，期待與大部隊同行。一大早，敵軍分三路逼近高譚，部隊再次轉移。

出發前，曾生指令王柏等人繼續潛伏，在山區發展黨組織。王柏哭着請求：「曾司令，讓我跟部隊一起走吧，我幹不下去了，我害怕，非死不可了。」曾生繼續做工作，她哭着答應了。

曾生離開王柏，看見袁更，要求他做做老鄉的思想工作。袁更內心為小妹的處境擔憂，嘴上卻說不會有事的，保重身體，好好工作。握手道別的時候，他輕輕地擁抱她，就像剛剛曾司令所做的那樣。他又遺憾又彷徨。她又欣慰又傷感。沒有表白，沒有許諾，沒有說明，一切都壓在冰山下。

從此，天各一方，直到 1946 年東江縱隊北撤前，整整 6 年間兩人都未謀面。當再次見面的時候，傳說中的金童玉女其中一方已經有了家室。

「土匪」袁庚

在遊擊隊無法藏身的最困難時刻，袁更當上了「土匪」。

很長一段時間，土匪袁更常常上「威虎山」或其他甚麼山，拜訪、結識「山大王」。

寶安、東莞一帶，淪陷區與國統區犬牙交錯，在蔣軍棄守、日軍又不願去的偏遠山區，地方武裝群雄並起，土匪橫行。在遊擊隊常常被三方武裝力量擠迫得缺乏騰挪空間的態勢下，袁更被派往寶太線開展工作，團結、爭取地方武裝，分化、瓦解匪幫，為遊擊隊尋求經費，拓寬生存空間。他有時扮商人，更多的時候是以土匪的身份行走江湖，深入匪穴，與土匪頭子歃血為盟，遊說、動員地方武裝一致抗日。

杜襟南，戰友們都親切地稱他為「冇（粵語，意為沒有）牙杜」。曾生帶着主力跳出遭受擠壓的坪山地區，轉移至惠陽開展遊擊戰爭。他指令鄔強率領剩餘的幾十個老弱傷病人員留守原地，杜襟南任政委。杜襟南是個文化人，一心想當作家。他發燒生病，因地方黨組織的幹部犧牲了很多，一時無法安排他養病。鄔強找到袁更，說你來救救「冇牙杜」吧。袁更將杜襟南帶到獨樹村，找到當地的土匪頭子說，我有個朋友生病了，到大哥這裡養養病。土匪頭子安排房子讓杜襟南住下，養了兩個月，病癒後返回部隊。杜襟南對袁更說，你救我一命。袁更很奇怪：「只是介紹你去養病，怎麼說救你一命啊？」「冇牙杜」真心地說：「不是開

玩笑，我沒地方養病，跟着部隊爬山過嶺，不是病死，就是被抓走殺掉，你不是救我一命嗎？」袁更笑笑：「開玩笑！」

1941 年 2 月，嶺南山區的天氣格外寒冷。袁更與張嫦翻山越嶺進入小山村。他們以夫妻的名義走親訪友，宣傳並爭取民眾的支持。

張嫦，1918 年生，東莞篁村人，進步女青年，比袁更小一歲，是東莞模範壯丁隊女隊員。1941 年初，她和一些民運工作人員疏散到袁更那裡，她對兄長般的教官袁更既敬佩又仰慕。

袁更與張嫦假扮夫妻執行任務，已經不是第一回了。

一間土臥房，半邊堆放農具，半邊放了一張木架子床，窄窄的，上邊有些種子及破爛物件。主人是袁更不久前結識的雜貨店老闆蔡九榮，他露出愧疚的臉色，把床上的東西歸攏攔在地下，抱來兩捆稻草鋪床，從自己睡的床上抽出一床墊被給他們，說聲「對唔 (不) 住 (起)」，關上門就走了。

袁更幫着張嫦整理床鋪，說聲「你睡吧」。張嫦問他：「你呢？」他原想到屋外找個牛棚、豬欄過夜，考慮到分開很不安全，便一屁股坐在地上，背靠農具，抱住雙膝，閉眼休息。

這個季節室外溫度已是零度，山風肆虐，袁更不禁打了個寒噤。

「比外面好多了。」為了掩飾自己的狼狽樣子，他笑了笑。不錯，比起雨夜裡連斗笠蓑衣都沒有，蜷縮在樹下睡覺；比起即便沒有風霜雨露，也只能在雜木林裡、溝邊、路上過夜，這裡已經是天堂。

袁更身高一米七六，在廣東男人裡面屬於身高一族。挺拔，英俊；有理想，有才幹，敢負責，有擔當。張嫦文化水平不高，人很善良。坐在床頭的禾草上，想睡又不敢獨自享用眼前的這份奢華。在互相推讓

張嫦，1918 年生，東莞篁村人，東江縱隊最早
的民運隊員。1941 年，被疏散至袁庚搞土匪工
作所在的宵邊村，兩人假扮夫妻，潛伏下來，做
統戰工作，後假戲成真，結為連理

後，倆人擠睡在一張床上，相互取暖，相互慰藉。

「事實既然造成，就一起過。」他們是先同房，後戀愛。經領導批准，1941 年 7 月，成為事實上的夫妻。

根據惠寶人民抗日遊擊隊總隊隊長曾生的指令，袁更轉戰寶太線，分化、瓦解、爭取地方武裝，組成廣泛的統一戰線，團結抗日。辛巳年正月裡，袁更趕到寶安黃田，獨闖虎穴，與獨霸一方的土匪頭目吳東權面談，達成口頭協議：我方承認黃田是他的地盤，他不阻攔不傷害從黃田過往的我方人員，為遊擊隊在敵後爭取到一條「走廊」。5 月裡，他又到河道縱橫的沙田地帶與擁有 3 挺機槍、100 多支長短槍的麥浩接觸。麥浩與同村另一支土匪頭目麥定唐是世仇，麥定唐投靠日軍後，他更是惶惶不可終日。在袁更多次勸說下，他表示要依靠我方，同意遊擊隊派人在北柵建立稅收站，為遊擊隊提供經費。以後我方民運隊員、交通員也陸續進入該地。麥浩手下 100 多人中，大部分是勤勉的農民。張嫦隨後到北柵，在部屬的家眷中開展工作。7 月，在國民黨頑固軍掃盪期間，麥浩讓我方主力轉移到沙田一帶隱蔽，還協同擊潰偽軍一個排。

正當袁更認為此人可以進一步爭取的時候，10 月初的一個早上，日寇和偽軍 1000 多人突襲北柵，逮捕我方民運、稅收、交通等十多個人，張嫦也不幸被捕。

張嫦被俘，袁更內心如焚，寢食難安。

工作，工作；戰鬥，戰鬥。袁更用更多的工作與戰鬥消解心頭的那份牽掛。

1942 年 3 月，春暖花開。東縱政委尹林平找袁更談話，嚴厲批評他平時的麻痹思想和粗枝大葉的作風，談話後，把他從東縱司令部參謀處調任總部，出任情報科科長。

張嫦等十幾個被俘遊擊隊員，受盡折磨與屈辱，辦理不同程度的「悔過」手續以後，在第二年 10 月間陸續被釋放。

「回家！」張嫦等人興奮而忐忑地尋找遊擊隊，盼望及早歸隊。在敵我犬牙交錯的「叢林」生態環境裡，甄別是對組織對革命的必要保護。這批坐了一年半監牢的遊擊隊員不得不被自己人反覆詢問、審查、考驗——

「為甚麼你能活着回來？」面對審查人員的審問，張嫦真不知道怎樣回答，只是反覆表示：「我不是叛徒，請組織上調查。」

東縱指揮部領導告訴袁更張嫦出獄後的情況，袁更表示如果組織上審查她沒有政治問題，他們還是夫妻。負責人提醒他，要有敵情觀念，為了東縱，也為了你個人前途，你不要理會她。

1944 年年初，袁更被調派到護航大隊，後因大隊長劉培負傷，由他擔任代理大隊長。他和政委曾源等人，帶領這支海上遊擊隊，打了幾次硬仗、勝仗。此時的護航大隊，部隊已從 100 多人發展至 500 餘人，有七八艘機帆船，保障了海上遊擊隊來往港澳與內地的海上交通運輸，控制住兩個半島並建立了民主政權。

組織上派人把張嫦送到護航大隊駐地，袁更正在午睡，警衛員不認識她，請她在外面等候。她誤以為是袁更故意怠慢她，感覺到內心受傷。

1944 年 5 月，袁更調至東縱司令部工作。6 月臨時抽調到大鵬半島指揮當地部隊。8 月，任聯絡處處長。他居無定所，來去無蹤。張嫦不知道袁更去了哪裡，為了找到他，守在聯絡處所在的朱明洞外，眼巴巴地等袁更回來。有一次，好不容易等到袁更走進朱明洞，一句「你來幹甚麼？」就把她鎮住了。按理來說，他說得沒有錯。此處是機密重地，她不該來這裡。但是，她覺得這是熱臉貼冷屁股，是骨子裡對她不信

任,是對她人格的踐踏。她沒有任何反擊的利器,唯有的就是婦人罵街的本領。她見到袁更就吵、就罵。後來,凡是有女同志與袁更有接觸,她會拍馬向前,興師問罪。不少女同胞怕惹是生非,都不敢與袁更聊天說笑,工作上的事也只能匆匆說幾句就閃開走人。

中山大學在校生陳海儀投奔東縱,在袁更手下的情報處工作過。當袁張「歡喜冤家」的事成為東縱機關人員茶餘飯後談資的時候,她注意了好幾個月,沒有發現袁更與女同志有甚麼風流韻事。她覺得這不是兩性間的情感問題,問袁更是不是不相信張嫦。

袁更坦陳:「是不相信她,如果是王柏,我信得過。」

1947年夏天,靈魂無所依託的張嫦找到了自己的真愛,心安了,神定了,通知袁更:「我們離婚吧!」

這段風波,把袁更擠到了談婚色變的牆角,一度下決心一輩子不結婚。直到1952年要出國的時候,才與本單位一位女同志締結秦晉之好。

人到晚年,袁庚事業有成,家庭和睦,妻賢子孝。2006年,他反思與張嫦的這段婚姻,對筆者說:「張基本上是個好同志。由於家庭出身和家庭影響,她母親是商人的小老婆,她最忌諱小老婆,痛恨自己的愛人亂搞關係。婚後我們的感情是很好的,就是她出獄後,情況變化了。我對她照顧幫助不夠,對她多疑、狹隘、小心眼等缺點看得過分(重)一點。我是有責任的。」

20世紀90年代,生活在外地的張嫦疾病纏身,深感來日無多。有一日,她對丈夫說:我想見袁更一面,恐怕身體不允許,你能不能去找找他,請他送我一張照片,讓我最後看他一眼——

她丈夫也是老革命、老黨員,是地方領導,重情重義。他藉開會機會到香港招商局,找到袁庚,實話告訴他,張嫦至今還牽掛着他。

讓筆者甚感意外的是，「紅二代」竟然能夠理解在艱苦戰爭年代父母之間的合與分、聚與散的喜與悲，理解並珍惜戰火下綻放的人性之花。袁庚兒子袁中印、張嫦與第二任丈夫所生的兒子熊海波都會坦然地面對昨日的時光。2016 年夏天，筆者拍攝六集傳記紀錄片《袁庚傳奇》，張嫦兒子熊海波對着鏡頭，講述母親對第一任丈夫袁更的牽掛：「我媽媽其實她一直，一直想袁庚。因為她和袁庚的生活我們沒有了解，但是，我想，應該是很快樂的，雖然時間很短暫，最後，我媽媽永遠都忘不了。」

「美國特務」

「美國特務」是袁庚 1968 年 4 月 6 日被捕時，康生一夥為他「量身定制」的罪名。羅織罪名的依據是，袁更在擔任聯絡處處長期間，與美帝國主義暗通款曲，輸送情報。

1941 年 12 月 7 日，太平洋戰爭爆發。12 月 8 日，美、英對日宣戰。12 月 9 日，中國正式對日、意、德宣戰，成為世界反法西斯同盟的重要組成部分。1943 年 12 月 2 日，廣東各地遊擊隊合併，正式更名為廣東人民抗日遊擊隊東江縱隊，對外宣佈：東縱是一支由中國共產黨領導的抗日武裝。同時，東縱成為全球反法西斯戰爭史上一支不可小覷的力量。

在日軍佔領香港後，東縱極力營救出一批被困香港的知名人士及民主人士，也營救出一批英軍軍官等國際友人。其後，東縱與英軍駐華機構開展援救盟軍人員、互通軍事情報的合作。戰後，1946 年 2 月，英軍駐華機構指揮官致函東縱，由衷地說：「如果沒有你們的幫助，我們是不會做出甚麼工作來的。」

東縱與英軍的情報合作引起了美軍的高度重視。1944 年 2 月間，美軍駐重慶高級顧問史迪威將軍與中共重慶辦事處周恩來協商，希望派觀察組到中共抗日根據地開展合作事宜。

是年八九月間，東縱司令員曾生找袁更和吳庚談話，告訴他們黨中

1941 年年底，遊擊隊開闢出一條地下航道，打通了內地與香港新界之間的水上交通，秘密運送藥品。 1942 年利用這條航道，袁庚和他的戰友們從日本人眼皮底下營救出因香港淪陷而遭受日軍逮捕的 800 多名愛國民主人士及盟軍士兵和國際友人，其中包括何香凝、柳亞子、胡蝶等各界精英，這場聞名中外的「省港大營救」被茅盾先生稱為「抗戰以來最偉大的搶救工作」。圖為廣東人民抗日遊擊隊東江縱隊舊照

1942 年開始，廣東人民抗日遊擊隊從香港日軍的嚴密控制下，搶救出文化界以及民主人士 800 餘人，並護送他們到達大後方

日軍搜查過往民眾以及民主人士

「十二月九日，周恩來同志又急電廖承志等同志，對有關
人員撤離香港的路線作了明確的指示：除了去廣州灣、
東江外，馬來西亞亦可去一些；如去瓊崖與東江遊擊區則
更好。到遊擊區的人員，即轉入內地，可先到桂林。」

香港淪陷後，袁庚所在的港九大隊開展營救英軍人員和國
際友人的工作。圖為英軍戰地醫院賴特上校脫險後合影

被東江縱隊港九大隊營救出的美國空軍中尉克爾。「1944 年 2 月間，美國盟邦空襲日軍佔領的香港啟德機場。戰鬥中，美國第十四航空隊中尉飛行員克爾駕駛的戰機，被日軍高射炮火擊中，克爾被迫跳傘逃生，被東江縱隊港九大隊『小鬼隊』營救，藏匿於九龍一個山洞裡，躲過日軍一次次搜捕，最後輾轉護送到廣西桂林。」可以説，克爾被救是後來美軍與東縱進行情報合作的起因之一

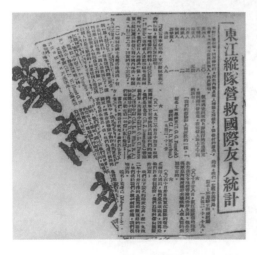

1946 年 2 月 19 日，香港《華商報》介紹東江縱隊營救國際盟軍及友人簡況

央指定東縱成立一個聯絡處，是全國要成立的 7 個聯絡處之一。任務是搜集廣東日偽軍戰略情報，除供中央作全面反攻參考之外，還向美軍提供情報，以配合他們對日作戰，並指令，這個處由袁更負責，吳庚協助。先在參謀部抽一兩個人搭起架子來，以後再擴大。後來，他又與袁更單獨談話，說吳庚歷史上有些情況，但很有能力，要尊重他；工作主要由你抓起來。聯絡處就是戰略情報處，任務單一、明確，專門搜集侵華日軍情報，不收集友軍（國民黨部隊）情報，成品不通報，不下達，無論情報價值大小，時效如何，一律僅報曾生司令員處理。

王柏與袁更離開地方到遊擊隊工作後，王柏曾經斷言袁更是搞情報工作的好手，說他機敏、睿智、慎言。機敏是說他聰明、靈活，總是有辦法。睿智，是認為他發現、分析、判斷事物絕不拖泥帶水，去偽存真能力強。至於慎言，別看他平日裡多半說說笑笑，嘻嘻哈哈，甚至快言快語，但他特別「鬼」，不該說的話，尤其是牽涉機密的事，他絕對守口如瓶。

東縱一個新的部門運作起來了。

誰也不懂得怎樣搞情報，特別是獲取戰略情報。開初，從思想指導到方法上基本還是部隊偵察員那一套。

10 月 7 日，美軍歐戴義少校的觀察組抵達東縱駐地。10 月 9 日，東縱請示中共中央，毛澤東當即在請示電上批覆：「抄周（恩來），弼（任弼時），劉（少奇），彭（德懷），朱（德），葉（劍英），請周覆。」10 月 13 日，中央覆電同意。11 月初，中央再次同意東縱「目前由袁更同志負責籌備聯絡處」的請示報告，在東縱設立聯絡處作為特別情報部門，正式任命袁更為聯絡處處長。袁更開始主管珠江三角洲和廣東沿海敵佔區的情報工作，同時負責與歐戴義聯絡，交換日軍情報。

歐戴義。「陳納德向華盛頓請示，美方表示同意要求與東江縱隊的合作。東江縱隊請示中共中央，延安也覆電同意。美國派出以歐戴義少校為組長的觀察組到東江縱隊。東江縱隊為此建立了一個聯絡處，由袁庚任處長。」

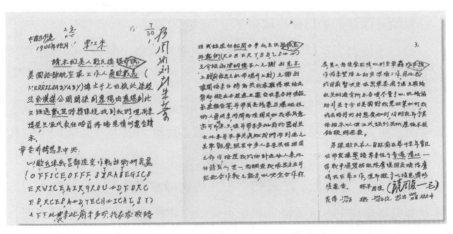

東江縱隊向軍委請示與歐戴義接洽的方法

在東縱司令部機關轉移途中，曾生在惠陽縣的新圩舉行了生動而樸素的歡迎宴會，把袁更和首席翻譯官黃作梅、東縱司令部敵工科林展女士，正式介紹給歐氏。由此，東縱開始了與盟軍一年多的情報合作。

袁更領導的情報機構，從補充投奔東縱的中大學生開始，迅速擴大，最後情報人員發展到 200 多人。情報網點縱橫交錯，從香港到廣州，從潮汕到珠江西岸的整個日佔區均為東江縱隊所滲透——

據材料顯示，東縱聯絡處向盟軍提供了日軍在廣州天河、香港啟德、寶安西鄉南頭等機場圖例和說明，日軍太古船塢建造計劃圖，日軍常駐香港炮艦及補給艦活動規律和泊位，日軍華南艦隊密碼，日軍神風特功隊 K2 飛機圖紙，廣九沿線日軍工事圖，香港日軍海防圖等大量重要的軍事情報。聯絡處率先探查到日軍精銳兵團神秘失蹤的動向及意圖，對第二次世界大戰的結束產生了影響。

日寇有一支王牌部隊「129 師團波雷部隊」，武器精良，戰鬥力非常強。1944 年衡陽戰役，波雷部隊瘋狂殺戮，國民黨守軍傷亡慘重。這支精銳而兇殘之師攻陷衡陽後，袁更獲得的情報是，波雷部隊突然失蹤了，去向不明。盟軍每天用三架電台，形成交叉信號監聽，追蹤這支部隊的動向，結果一無所獲。

就在這個時候，盟軍進行的「逐島反攻」計劃（逐步由太平洋向日本本土推進）付出慘重代價，立即調整戰略，擬從被日軍佔領的中國東南沿海登陸，建立戰略反攻基地，對日本本土進行大規模戰略轟炸，迫使日軍盡快投降。在西線，1944 年 6 月 6 日，盟軍在法國諾曼第成功登陸，順利地開闢了歐洲第二戰場。

1945 年 3 月 9 日，美軍海軍上尉甘兹帶着陳納德將軍的介紹信和 6 名工作人員來到東縱，擬在惠陽大亞灣或汕頭沿海選擇美軍登陸的灘頭

陣地。惠陽聯絡處派遣小分隊，隨同惠陽情報站站長劉立等人協助美方在大亞灣沿海測量，準備盟軍登陸的資料。此時，原中山大學學生王康的情報小組將新發現的日軍在汕頭沿海和東山島構築的洞穴工事繪製成圖，上報袁更，袁更上呈曾生，再轉交美方。美軍確認這種工事和日軍在太平洋塞班島上的工事完全一樣。接着，廣州和東莞等地的情報人員獲得「波雷」部隊的番號，獲悉波雷部隊關閉電台，晝伏夜行，從衡陽一路南下秘密抵達廣東沿海佈防。

東縱及時將敵情呈報黨中央和盟軍。盟軍得到東縱準確的情報，決定避開日軍的精銳之師，轉而選擇中國北方的連雲港登陸。美英當局為加快戰爭的結束，改變了原先的戰略計劃，決定直接向日本本土投擲原子彈。原擬定華南登陸的計劃，現封存在五角大樓的檔案中。

美軍對東縱的情報工作評價很高，盛讚聯絡處是「美軍在東南中國最重要之情報站」。陳納德將軍與歐戴義多次致函曾生司令，稱讚「你們經過袁先生的部門所做的情報工作是有顯著的成績的」（1945 年 8 月 17 日函），「對於你們曾做過的工作，我們感到極大滿意，請把我的深切情意和尊敬向袁先生及他的工作人員表達」（1945 年 8 月 17 日電），特別強調「華盛頓對發現 129 師團及其消息致以祝賀」。後來，杜魯門接替逝世的羅斯福擔任美國總統，對華政策改為扶蔣反共，反誣共產黨「不抗日」，「爭地盤」。中央有關部門在 1946 年 2 月 19 日，將東縱與美軍合作情報及美軍感謝信等材料，刊登在香港《華商報》上，以正視聽。

1987 年，香港招商局常務副董事長、深圳蛇口工業區管理委員會主任袁庚訪美，接受美國邀請參加於美國費城舉行的憲法起草 200 周年紀念典禮。美方在會上介紹他，並授予一面褒獎牌，感謝他在第二次世界大戰期間所做出的貢獻。

亲爱的曾司令：

　　自从和你最后见面后，出乎我意料之外，我还逗留了多几天来接受你和黄先生的股勤款待。但是现在我真的要离开了，我惋惜我的回去，虽然这似乎是最好的做法。

　　我将记着我在这里居留时你们经常有礼貌和诚恳的好意，我经常觉得我是和最好的朋友在一起的。你底经过袁先生的部门所做的情报工作是有显著的成绩的，我所知道的事情，和现在由戴维斯少尉从总部带下的证实意见令我们对这些完全没怀疑了，对于你们曾做过的工作，我们感到极大满意，请把我的深切情意和尊敬向袁先生及他的工作人员表达。

　　我存在着一个期望，我们的联合和友谊将会在一个现在的许多困难都已被解决了的新世界中继续下去。

　　　　　　　　　　你底诚实的朋友 技术代表 欧戴义
　　　　　　　　　　　　　　　　　17.8.45

1945 年 8 月 17 日，美方情報代表歐戴義給曾生和袁庚的感謝信

中央指示東江縱隊與歐戴義博士會談的電文

1946 年 2 月 28 日，香港《華商報》刊登黃作梅的文章 ——《我們與美國的合作》

　　隨着二戰的結束，東縱與盟國的情報合作也畫上句號。在香港重光的善後工作中，袁更代表東縱與英軍有一段短期的合作。

　　日軍侵佔香港，控制九龍半島後，即放假 3 天，放任日本兵姦淫、燒殺、搶掠。東縱港九大隊在極端困苦的條件下，在 3 年又 8 個月的漫漫長夜裡，單獨抗擊日軍，在港九新界離島建立了地方政權。日本投降後，港九大隊奉命撤離九龍半島。英軍接管之初，兵力不足，希望港九大隊暫緩撤離，協助維持治安，因而急切會見東縱代表。東縱請示中央同意委派袁更為上校首席代表，與黃作梅前往香港，與英軍夏少將談判。談判中，袁更表示改變港九大隊撤離的命令已不可能，但東縱可以幫助英方與港九鄉村地方自衛武裝接頭，請他們協助維持地方治安。並就港九大隊的撤離、港九大隊單獨抗擊日軍傷亡撫恤等善後事宜，提出

袁庚關於與英軍談判的回憶材料　　　　　　袁庚關於東江縱隊經歷的
　　　　　　　　　　　　　　　　　　　　回憶文稿

設立辦事機構進行處理。

　　1945 年 9 月，袁更選擇彌敦道 172 號二、三樓作為辦事處，對外稱東江縱隊駐港辦事處，袁更任辦事處主任。在與港英當局談判達成的協議中，第四條是：港英當局「同意並幫助中共在香港設立秘密電台。」東縱情報人員每晚收錄延安電訊，白天由交通員送往有關部門。東縱北撤後，1947 年 5 月，新華社香港分社公開掛牌成立，電台也合併過去，第一任社長是喬冠華，東縱辦事處即為新華社香港分社所在地。喬冠華北上後，由袁更親密戰友黃作梅接任。

　　在 1955 年的「克什米爾公主號」事件中，黃作梅不幸遇難犧牲。

第三章

特殊歲月

他出身黃埔軍校，打過仗，淮海戰役、濟南戰役都打過。
更難得的是，他曾經是護航大隊代大隊長，有海上作戰經驗，
還有外交鬥爭經驗，他當過外交官，在我駐印尼大使館工作
過，有與印尼進行交涉的經歷。

1946 年，東江縱隊根據中央指令，計劃奔赴華北。5 月，在頭年 11 月已從香港調回東縱指揮部的袁更，被臨時抽調至東縱北撤籌備組工作。在隨部隊北撤至山東煙台後，入華東軍政大學學習，1947 年 5 月結業，被分配到三野二縱四師參謀處見習，名義為參謀處副處長，參與了南麻臨朐戰役和昌（平）濰（坊）戰役。兩廣縱隊於 1947 年成立，袁更任縱隊偵察科長，後為作戰科長，參加濟南戰役、淮海戰役。隨後，率兩廣縱隊炮兵團解放廣東沿海島嶼。1949 年 11 月，在解放大鏟島，準備拿下三門島之前，奉調至軍委聯絡部參加武官班受訓。1950 年 4 月至次年 5 月，作為陳賡將軍、韋國清將軍率領的軍事顧問團成員參加援越抗法鬥爭，是胡志明的情報與炮兵顧問。1951 年 5 月奉調回國，在中共中央調查部工作。1952 年 8 月，外派印度尼西亞任中華人民共和國駐雅加達領事。1955 年 4 月，周恩來總理赴雅加達參加「亞非會議」期間，袁庚負責情報組織工作。

1950 年 5 月，袁庚以胡志明主席的情報和炮兵顧問的身份參加越南高平戰役。圖為袁庚（中立穿白衣者）與越南人民軍指戰員合影

風雨同舟

　　戰爭年代從軍打仗生死未卜，在與張嫣分手之後，袁庚對「婚姻」二字有點心灰意冷。進入和平年代，雖然在隱蔽的戰場依舊是枕戈待旦，但月白風清的日子漸多，如果遇到一個心儀的女性，袁庚心如古井的深處不會泛起波瀾嗎？

　　然而，嚴酷的事實是，在圍牆外面的人看來，神秘且如特工 007 走遍天下的中國情報機關工作人員，偏偏最是婚姻不自由。

　　為了國家的利益與民族的安康，軍委聯絡部必須犧牲一些個人利益，比如在婚姻方面就會受到諸多約束。你可以自由談戀愛，但你的自由僅限於在聯絡部這個圈子內部，比如你是營級以上幹部，女方須年滿 23 歲，諸如此類，在紀律面前實現你的兩情相悅。

　　幸好幸好，汪宗謙款款地走進了聯絡部大院。

　　汪宗謙是杭州女子，山清水秀養美人，按現在的網絡語言，汪宗謙是「白富美」，除了「富」不足以外，她絕對是溫柔秀雅。她家四姐妹，她是老大。作為青年學生，被聯絡部招進青年培訓班學習。培訓班離袁庚的住處很近，來來往往的，兩人僅僅是點頭之交。他們是「黑白雙星」，女的帶着人間天堂的清風明月，男的則是穿過生死戰場的月黑風高。恰恰這個時候，聯絡部幹部局局長杜長天來了個「拉郎配」，把這兩個人撮合到了一起。

袁庚和夫人汪宗谦

1951 年冬天，組織出面向汪宗謙介紹袁庚：「袁庚政治可靠，家庭成分好。」

汪宗謙向來相信組織，即便因她「顏值高」，在聯絡部內追求者甚眾，甚至有幾個官員追她追得很厲害，她也沒有自由地挑選一個。她聽從組織的安排，現在組織上說這個人可靠，那他一定是個靠得住的人。

從點頭之交到正式接觸，汪宗謙覺得袁庚對人熱情，平易近人。她還想到，她是杭州人，袁庚是廣東人，大家都是南方人，今後容易合得來。她便常常到袁庚住的地方去找他，兩個人很談得來，由談得來變成談得攏，就有了兩情相悅的意思。袁庚奉調回國，參加聯絡部高幹班學習，聽蘇聯情報官員講課。他 35 歲，汪宗謙 26 歲那年，1952 年 9 月 17 日，在袁庚與汪宗謙合署呈報結婚報告得到批准之後，袁庚已被外派，擔任中華人民共和國駐印度尼西亞雅加達領事即將啟程之時，趁着這天是週六，大家有些空閒的時候，袁江二人舉辦了簡樸的婚禮。汪母從杭州趕過來看他們，對女兒說：「你怎麼找了個又黑又瘦，像鴉片鬼一樣的丈夫？」

與袁庚完婚，意味着汪宗謙與風雲為伍。

剛剛結婚，袁庚就像一陣輕風飄到了印尼擔任領事之職，汪宗謙進入中國人民大學學習。婚後第二年，根據組織的安排，汪宗謙隨夫君在雅加達居住，改行在使館從事文秘及資料工作。她不斷地跟着袁庚調動工作，跟風隨雲，北京—雅加達—北京—山東—北京—香港—深圳。

「文革」中，中調部造反派羅織罪名，在康生的「欽點」下，袁庚背負「美國特務」之名，於 1968 年 4 月 6 日被捕關進秦城監獄。「反革命家屬」汪宗謙被發配到山東幹校，從事繁重的體力勞動。造反派和專案組還不斷向她施壓，告誡她轉變階級立場，揭發袁庚罪行。在每一次威

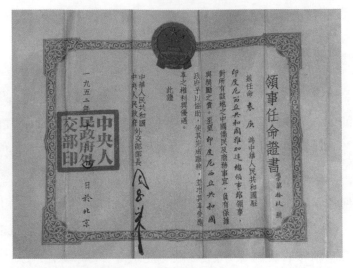

1952 年，袁庚赴任中華人民共和國駐雅加達總領事館領事的
任命書

1955 年，袁庚在印尼雅加達總領事館工作照片

我大使館委派領事袁庚抵棉調查華農死傷事件

（本報訊）中華人民共和國駐耶嘉達大使館委派總領館領事袁庚先生於前日下午四時一刻搭機抵棉調查井容勿拉哇鎮七路農村華僑農民死傷事件。如所週知，該事件發生於三月十六日，郅後有五名同僑農民死於警察機槍下，另十二人受傷，印尼農民亦有多人死傷。

1953 年 3 月 28 日，袁庚抵達印尼丹絨勿拉哇慰問難僑家屬，處理造成多名華僑死傷的印尼「丹絨勿拉哇事件」。圖為當時報紙的報道

關押期間，專案組要求袁庚寫的關於二戰期間「中美情報合作」的交代材料

逼面前，她都告訴那些人：「我是由幹部局局長介紹，才認識袁庚的。組織上比我更了解他。你們現在說他是美國特務，我不知道。現在我還要請問領導，為甚麼要介紹一個特務給我當丈夫哩！」

風雲不再流轉，4 年多了，也不知袁庚被「凍結」在甚麼地方。汪宗謙請假回北京，為寄養在北京妹妹家的兒子上山下鄉做些準備，更多的時間是頂着漫天的大雪到國防部、國務院、中央辦公廳等信訪部門遞送查問丈夫下落的報告。直到請假期限結束，她也沒有打聽到袁庚被關押在何處。

1972 年夏天，中央三辦的工作人員從北京到山東，通知汪宗謙回北京看望袁庚，在北京城北燕山腳下的秦城監獄，匆匆趕來的汪宗謙終於見到了 4 年來吉凶未卜的丈夫。袁庚身穿囚服，剃着光頭，被折磨得形銷骨立。

她強忍住淚水，告訴丈夫孩子們都好，已經變得木訥的袁庚對她只說了一句話：「你要經得住考驗。」

第二次探監的時候，三辦人員力勸她帶孩子去，說袁庚想孩子。這個堅強的女性一聽這話，就哭了。在她多次要求之下，三辦同意她和孩子們可以一個月探一次監。

袁庚身陷囹圄，前後共 5 年半，20 多次，寫了近 10 萬字的「交代」和申訴材料。此外，他向周恩來總理和葉劍英寫信求助，被專案組壓在檔案裡。汪宗謙第三次探監時，袁庚就將用廁所裡的草紙書寫成的申述材料，偷偷塞進妻子的袖管裡，叮囑妻子替他申冤。汪宗謙把這些信帶出來，像病急亂投醫的患者，向多個「衙門」寄送。在周總理的過問下，因心臟病與高血壓而病倒在監獄醫院裡的袁庚，於 1973 年 9 月 30 日，被釋放回家。

在被單獨關押長達 5 年零 5 個月的漫長日子裡，看守人員為了方便監視他，每晚只允許他臉對着門側身而睡。5 年下來，他被折磨得一條腿粗，一條腿細。長年不説話，平日裡能説會道的人，已經説不成話了。汪宗謙成了他的理療師，每日裡扶着他一步一步學走路，一句一句教他説話。她陪他上醫院看病，獨自一人帶着小馬紮一大早就到藥店門口排隊等候開門揀中藥。

等到袁庚復出，等到袁庚全身心投入改革開放的攻堅戰，因為忙，已經顧不上她了。她要工作，又要照顧 3 個兒女，身體也不太好，卻從不向袁庚提出甚麼個人或家庭要求。

她不後悔。1994 年 1 月，她曾對採訪她的記者説：「我很佩服這個同志的精神。好多被冤枉坐過牢、受過苦的同志，出獄後都心灰意冷，甚麼事也不想做了。袁庚卻不一樣，還沒等有病又有傷的身體完全復原，就又幹起工作來了。」

有一個能這樣理解自己、欣賞自己的夫人，「開弓沒有回頭箭」的袁庚自然沒有後顧之憂。

光華輪接僑

　　1965 年 8 月，袁庚被抽調至河北省定興縣五里窯公社參加「四清運動」，隨後繼續戰鬥在看不見的戰線。這段時間，雖然仍然忙碌，但相對而言，在北京時間居多，在家的日子也較多，有些時間與汪宗謙、兒子袁中印，女兒袁尼亞、袁小夏相處、交流，享受親情之樂。

　　袁庚曾在印度尼西亞工作、生活長達 7 年，對千島之國是有感情的，這從他給兒女取的名字就可以看出來。進入 20 世紀 60 年代以來，印尼的局勢讓袁庚甚為揪心。

　　袁庚在雅加達工作期間，對印尼華人狀況作了深入的了解。1945 年印尼獲得獨立，成立印尼聯邦共和國。此時，華人已達 200 萬左右。早在秦漢時期，即有東南沿海漢人南下印尼。在印尼的絕大多數華人是晚清以後，從福建、廣東幾次大遷徙過去的。華人在印尼的生活條件極其艱苦。經過幾代人含辛茹苦的奮鬥，先是從事捕魚業、採礦業，後逐步進入商業、服務業、製造業、金融業等產業，為印尼的經濟和社會發展做出了卓越的貢獻。令人遺憾的是，1965 年 9 月 30 日，印尼陸軍少將策動軍事政變，指責中國是印尼共產黨的幕後支持者，對華人大開殺戒。印尼反華事件，直到現在都是印尼國內的禁區。近來，有印尼民間學術團體衝破禁錮，就 1965 年反華事件進行研討、反思。20 世紀 60 年代反華事件中，蘇哈托的暴行受到全世界同聲譴責，中國政府也提出

強烈抗議。

1966 年 5 月，山雨欲來風滿樓。5 月 16 日，中央政治局擴大會議通過了《中國共產黨中央委員會通知》，簡稱「五一六通知」，是「文革」十年災難的綱領性文件。5 月 18 日，中國政府照會印尼當局，中國決定派船接運難僑歸國。6 月，外辦、僑委、外交部、交通部等單位組建接僑辦公室。讓袁庚感到意外的是，他並不屬於那些單位或部門，卻被抽調到由廖承志領銜的接僑辦工作，被指派為接僑小組長兼接僑船光華輪黨委書記，具體負責接僑事宜。黨委副書記是廣州遠洋公司經理郭玉俊。

外事系統那麼多俊才，為甚麼選他？袁庚首先想到的是他的政治立場，他的黨性原則。當然，這個人還要有軍事鬥爭經驗。他出身軍校，打過仗，淮海戰役、濟南戰役都打過。更難得的是，他曾經是護航大隊代大隊長，有海上作戰經驗。還要有外交鬥爭經驗，他當過外交官，在中國駐印尼大使館工作過，有與印尼進行交涉的經歷。華僑大多數是客家人，他也是客家人，語言溝通沒有問題。一大堆條件，他都符合。他做甚麼事家裡人都不知道的。直到報紙刊登光華輪接僑歸來的消息，兒女們才知道他「失蹤」的個中原委。

袁中印奇怪，為甚麼選調查部的人去搞僑務工作？

袁庚很自豪地對他說：「當然是我。」

遠洋客輪「光華號」靜靜地停泊在黃埔港碼頭上。淺綠與純白相間的船體，給人寧靜與安詳的感覺。

6 月間，袁庚登上光華輪，內心感慨萬千。中華人民共和國成立之初，竟然沒有一艘遠洋客輪。1960 年年初，當中國外交部部長陳毅向印尼表示，中國準備「把在印尼流離失所或者不願繼續居留的華僑接回」

袁庚（前排左二）在印尼接侨

袁庚和我國僑胞在一起

袁庚向僑胞宣講我國的接僑政策

的時候，不得不向「老大哥」蘇聯租用客輪接僑，不得不承受苛刻的條件、高昂的費用。中國政府輾轉向希臘購買退役商船，在廣州修理、改造，更名為光華輪，「光我中華」之意，成為中華人民共和國第一艘遠洋客輪。1961年4月用於接僑，前後從印尼撤出6萬同胞。

接僑小組共有12名成員，特點有「三多」：專才多，外交、遠航、軍事、醫療、救護各方面的人才都有；印尼華僑多，新華社、中新社兩名記者都是印尼歸國華僑；年輕人多。袁庚49歲，屬於「老字號」。為了我方人員及歸僑的人身安全，船員換成海軍臨時客串，是從北海艦隊抽調過來的排級以上幹部。還有一支醫護隊伍，總共300多人。全船人都喊袁庚為「袁政委」。

此去風波險惡。袁庚組織大家進行政治學習，按照中央指示，學習「五一六通知」，學習《毛澤東選集》。在動員誓師大會上，廖承志鼓勵男兒定當準備馬革裹屍還。袁庚強調人最危險最有可能的是在床上「壽終正寢」，死於船上的人少而又少。青年人情緒高昂，直呼當年的流行語「下定決心，不怕犧牲，排除萬難去爭取勝利」。

軍事訓練也極其嚴格。出發前，接僑小組每天跟着海軍在珠江練習游泳，逼近50歲的袁庚也不例外。袁庚跟着海軍訓練，一同游它個一萬米。年輕人更不示弱，一個個成為浪裡白條。他們還學習機關槍射擊，以備必要時能自救、反擊。

史無前例的「文革」的風暴颳進了光華輪，在30多名工作人員中突然竄出兩名青年，其中一個還是船員，高喊要起來造反。袁庚以接僑事關重大，我們戰鬥在外交與僑辦第一線，一切行動聽指揮，容不得七嘴八舌，堅決而禮貌地把兩個「小將」送下了光華輪。

印尼政府並不配合我方接僑，一直等到當年9月中旬，光華輪才獲

袁庚（後排左三）參加接僑工作，在光華輪上與工作人員合影

袁庚（後排右三）參加接僑工作，在光華輪上與工作人員合影

准開船。9 月 11 日，上午 10 點，一聲汽笛在黃埔港拉響，光華輪駛出珠江口，一路向南，駛向印尼棉蘭勿拉灣。

光華輪駛出公海後不久，遇到了在越南作戰的美國空軍，低空飛行，連續盤旋，他們駕駛員的面目，袁庚都看得一清二楚。袁庚在駕駛艙號召大家：黨和人民考驗我們的時刻到了，不要怕，拿起槍來準備戰鬥。此時，光華輪全面進入戰備狀態，鈴聲一響，各就各位，拿起原來制定的武器做好準備。這時，袁庚說，我們絕不開第一槍，他如果要開槍，扔了炸彈，大家全部對準他把他打下來。到了公海最遠的時候，美國的一艘航空母艦橫在光華輪的面前，又是一個巨大的考驗。袁庚在駕駛艙講話：美帝國主義就在我們面前，我們不改變航向，全速前進衝向敵人，寧可同歸於盡，炸彈的按鈕也在我的手上，撞上去我們就炸掉它，我們就要為國捐軀全部死掉。

「袁政委下令我們準備為國犧牲了。有幾個膽小鬼，嚇得不敢動了。他還是在駕駛台以充滿號召力的講話，鼓舞大家不要怕，拿起槍桿子跟敵人鬥，跟船長講，不要改變航向。全速前進撞上敵人的航空母艦。快到了，大概到了距航空母艦三五百米的時候，他們掉頭了，我們勝利了。」2016 年的麥收時節，筆者在香港上環信德中心巴拉哥集團總部，因拍攝《袁庚傳奇》採訪劉俊成。他已經 73 歲了，談起這段接僑經歷，依然記憶猶新，唏噓不已。這位光華輪上的機艙代表，當年僅有 26 歲，四趟接僑，旅程艱險，他見識了袁庚的剛強與果敢。

從最壞的情況考慮，船抵棉蘭無法補充淡水，袁庚要求所有工作人員必須節約用水，在去程盡量少洗澡或不洗澡，讓華僑同胞在返航歸國途中有足夠的水用，每天都可以沖涼洗澡。

9 月 22 日，光華輪到達印尼棉蘭勿拉灣港附近的拋錨地，袁庚下

68

令，不讓船進港，向印尼方面施壓。他的鬥爭藝術是非常巧妙的，在那裡泡了半個月，直到印尼方面允許光華輪進港，他還讓光華輪在拋錨地停了幾天，施壓印尼接受我們的談判條件。這就是對外鬥爭裡很重要的一招。袁庚與他的工作組抓住了對方迫切要甩開華僑的特點，就根據這個特點，來進行接僑鬥爭談判。

船一靠岸，形勢險峻。森林裡有大炮虎視眈眈，海上有軍艦，陸地上都是全副武裝的軍人。準備上岸的時候，印尼軍方用刺刀把袁庚與兩名隨行戰士的外交護照挑走。袁庚無所畏懼，昂首闊步走下船。梯口上全是印尼軍人，刺刀交叉橫在袁庚頭頂的上方，袁庚手一揮，刺刀就收回去了。他迅速與等候在碼頭上的中國駐棉蘭領事館工作人員會合、商談，互通情況。

袁庚的接僑小組跟隨領事館人員走進棉蘭市內的華僑中學，印尼軍人·路上遠遠地跟在他們後面。在不大的華僑中學內，1000多名難僑度日如年，等待祖國把他們接回家。袁庚親切地看望他們，問長問短，問寒問暖。

印尼反動勢力把蘇門答臘島亞齊地區的華僑逼趕到棉蘭。許多人被掃地出門，財產被暴徒搶劫殆盡。逃到棉蘭的華僑，一部分人要去台灣，台灣方面沒有任何表示。願意回祖國大陸的，我領事館安排他們住在華僑中學等待候船回國。當看到袁庚來接他們回國，一個個激動萬分，恨不得立即登上光華輪，早早離開他們曾經愛過，現在卻欺凌、驅逐他們的地方。

袁庚心裡也急，但有許多程序要走。經過反覆交涉，中國駐棉蘭領事館確定的第一批難僑終於在10月3日下午獲准離境。

1966年10月4日，中新社記者何耕新在光華輪發報室向中新社發

接僑時進入難民營慰問僑民

歸國僑民在毛澤東同志舊居前合影

袁庚（右二）與接僑工作人員進入華僑小學慰問

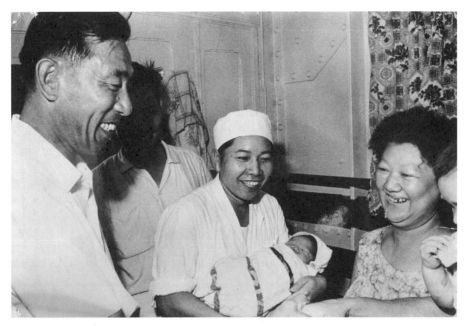

袁庚（左一）在光華輪慰問僑胞

歸國僑胞安全回到祖國

出一則「光華輪消息」。該電訊稱,「在克服了印度尼西亞政府為中國的接僑工作設置的重重障礙以後,在印度尼西亞滯留 8 天之久的中國政府接僑船光華輪,3 日下午載着 1005 名受盡苦難的印度尼西亞華僑,從棉蘭勿拉灣港勝利啟航返國」。

「當天中午,受害華僑通過全副武裝的印度尼西亞軍人戒備森嚴的碼頭,開始陸續登上祖國的接僑船光華輪。這時,光華輪上五星紅旗迎風招展,擴音器裡播出莊嚴的《東方紅》樂曲,身着白色海員服的中國船員們,在碼頭上和舷梯邊扶老攜幼,並把在印度尼西亞受折磨而患重病和造成殘疾的僑胞用擔架抬送上船。許多受害華僑登上祖國輪船後,齊集甲板,面向碼頭,熱淚盈眶地振臂高呼:『中華人民共和國萬歲!——』」

至 1967 年 5 月,袁庚先後率領接僑小組往返印尼與中國,分 4 批,共運送近 5000 名難僑返國。每次滿載僑胞的光華輪在印尼港口啟航前,袁庚都會在甲板上向全體僑胞致歡迎辭。1966 年 11 月 24 日被接上光華輪的印尼僑胞鄭仙彩,當年 19 歲,在她 62 歲時,於 2009 年 8 月 17 日接受筆者採訪,還清楚地記得 43 年前袁庚政委的講話。隨後,她把讓她刻骨銘心終生不忘的袁庚講話追記下來,郵寄給了筆者。

袁庚對登上光華輪仍舊驚魂不定的難僑說:「我代表中華人民共和國政府、國務院、外交部及 7 億祖國人民,熱烈歡迎你們!你們已經衝破了重重艱難和障礙,戰勝了法西斯敵人的迫害,終於回到了自己的祖國!踏上了祖國神聖的領土!現在你們乘坐的光華輪每一寸地方都代表着我們中國的每一寸土地,任何國家都不能隨意侵犯!」

袁庚說:「請僑胞們放心,我們在接受國務院、外交部的這項接僑任

務後，就在全國精挑了一批精英，個個都精通戰術，威武堅強。而現在在我們上空飛的只不過是不堪一擊的紙老虎！」船上的吼聲，把盤旋在上空一路跟蹤遠洋船隻的美國空中偵察機嚇跑了。僑胞們感到從未有過的興奮和自豪。

袁庚說：「為了這次的外交任務，我們國家為我們準備好了各種需要，包括物資和水──單單我們的汽水就足以使我們每位僑胞當成手榴彈將他們擊退……」

船離開印尼領海，駛向馬六甲海峽。與鄭仙彩同船歸國的僑胞有2000 多人，老幼婦孺佔了相當數量，部分人開始暈船嘔吐。

袁庚，還有林水龍、盧振琪等領導除了要處理突發的外交事務，應對海上、空中騷擾的船、機之外，還要巡視各個船艙，慰問、鼓勵僑胞，用「下定決心，不怕犧牲，排除萬難，去爭取勝利」的毛主席語錄教導大家戰勝風浪。

1966 年 10 月 10 日上午 8 點 20 分，光華輪經過 7 天 7 夜的航行，在廣東湛江港泊岸。港口紅旗招展，歌聲嘹亮，僑胞們受到了熱烈的歡迎。每個歸僑都得到了一本紅色塑膠皮的《毛主席語錄》。隨後，他們被送往廣東的華僑農場，學生們被送往學校，開始返歸祖國後的生活。

光華輪經過檢修、補給，半個月後又南下印尼。

1967 年 5 月 13 日，光華輪運載第 4 批難僑抵達廣州黃埔港。至此，歷經一年半的撤僑行動結束。

運載難僑回家的光華輪。此番接僑得到廣東省黨政軍民各界的大力支持。時任廣東省副省長、廣州市市長，原東江縱隊司令員曾生，極力幫助袁庚接僑

囚室內外

　　袁庚圓滿完成接僑任務回到北京，「文革」的風暴已把中共中央調查部大院內的精英橫掃得七零八落，一大批出生入死居功至偉的謀臣良士被冠以叛徒、特務、內奸之名遭受牢獄之災。

　　當社會上廣泛散佈「東江縱隊」是叛徒、特務、土匪部隊的謠言時，當時任廣東省副省長、廣州市市長，原東江縱隊司令員曾生於 1967 年下半年被騙到北京而被秘密逮捕時，袁庚知道個人受難的日子就快到了。

　　《曾生回憶錄》第 736 至 737 頁：「特別是把當年在東江縱隊司令部電台和聯絡處工作的杜襟南、戴機、袁庚、林展等同志，關押起來後，還抄了他們的家。逼令他們交代東江縱隊向『美帝國主義』『出賣』了多少情報，並追查是誰佈置他們這樣幹的。然而他們都是忠誠的革命同志，除了老實交代根據黨中央指示進行的工作以外，還能『交代』別的甚麼呢？」

　　袁庚被關在秦城監獄，住的是單間，6 平方米左右，一張床，牆上有個小窗戶，外面的人可以看到裡面，裡面的人看不到外面。有一個小便的地方。袁庚發現囚室內有一縷女人的長髮。他出獄後才知道，在他之前，這間囚室關押過劉少奇的夫人王光美。在秦城，唯一可資安慰的是，隔兩三天放一次風。在密閉的斗室關押兩三天後，他可以看到高遠

的藍天，品嚐長城腳下吹過來的自由的風。

他不甘沉淪，在放風的時候，投入極大的精力從事螞蟻行為學的研究。

在獄中，沒有敵情讓他分析，分析小螞蟻總可以吧？先是在百無聊賴中發現螞蟻從來沒有甚麼悠閒，總是忙忙碌碌，快進快出，團隊行動。他用棍棒把爬出洞穴的螞蟻撥回洞穴內，心想這一撥弄，小小螞蟻早就肝膽齊裂，四肢備受摧殘，該會死在洞穴內，死有葬身之地嘛。豈料，受傷的螞蟻跌跌撞撞地爬出洞穴，寧可壯烈犧牲在外頭，拋屍荒野，決不讓自己在死後還佔據洞穴內的有限空間。他從口中省出一點饅頭，放風的時候扔在地上。螞蟻發現後，不會馬上在那裡吃，而是想辦法發信號，等第二隻、第三隻螞蟻來，大家都發信號，召喚同伴，然後把饅頭碎屑抬下去。運輸途中，不管多麼艱險，蟻群絕不放棄，也沒有一隻說我累了餓了，我先吃一點填填肚子吧！沒有。

他認為螞蟻的團隊精神、信任精神、合作精神是非常好的。他得出一個結論：如果有一天，世界上所有的動物都滅絕了，螞蟻依然生存於世。

袁庚歷經一年多反覆審訊，據實寫了逾 10 萬字的書面材料。1969年基本結束審訊。1970 年被告知組織上已了解他的問題，對他不是審訊，只是「審幹」，今後主要任務是學習，等待組織結論，還鼓勵他要「經得起組織考驗和鍛煉」。說是「審幹」，依舊把他當作罪犯關押。

在多次交代中，袁庚回顧了他追隨共產黨參加革命的經歷，應該是真實的。在一些地方，他陳述事實後，強調此事是某某領導的批示，而某某領導執行的是中央指令，這不是推卸責任，是實事求是，而且，從人性的角度，是可以理解的。在當時的語境下，他矮化自己，決不醜化

自己。在檢討時，他始終堅守一條底線：事實，事實，第三還是事實。決不為了「過關」而向自己，更不向戰友、領導人頭上扣屎盆子。

筆者於 2005 年春天辭去香港《文匯報》工作，為作家出版社撰寫《袁庚傳：改革現場》，袁庚家人將組織上發還的袁庚 10 萬字的申述、檢查材料全部交付筆者，這批資料在筆者身邊珍藏了十多年。2017 年，袁庚家人將這批史料捐贈出去，現藏於招商局檔案館。反覆展讀袁庚的獄中交代，只讀出「忠誠」與「無奈」。這批材料中，沒有檢舉、揭發任何人的文字，只有對自己被審查問題的說明、解釋、交代，還有必要的表白。

1973 年 3 月 21 日，袁庚請專案組向周恩來總理和葉劍英元帥轉呈一封信。信中，簡述他 1944 年被任命東縱聯絡處處長，收集日軍情報，提供給中央和盟軍以配合對日作戰的情況，並說：「我參黨以來，從未脫離組織與群眾監督，事事有據可查，此為專案組所詳知。戰爭年代，不敢惜身保命；新中國成立後無論援越抗法，亞非會議情報、保衛工作，柬埔寨蔣特『湘江案』大爆破的事前現場破獲、『文化大革命』開始四次赴印尼接僑鬥爭，都在黨領導下，不敢知難而退。三十五年來雖屢錯屢改，而無愧於心。」

兩天後，專案組在信上蓋上「中國人民解放軍北京公安局軍事管制委員會第七大隊調查材料專用章」，簽上「此材料專案組已閱」，壓根不給你呈送，只是封存在袁庚的檔案裡。

1973 年 9 月 30 日，就像不需任何法律手續逮捕他一樣，也無需任何司法程序他就被釋放回家。

1974 年 7 月 1 日，袁庚再次向周總理呈報自己「未做結論，未恢復政治待遇和組織生活；一如既往子女均受牽連。又由於長期除名，停發

1944年11月，東江縱隊關於籌建情報聯絡處給中央軍委的報告。文件右上方為毛澤東親筆批註。後來曾生被平反時，看到此件，百感交集，大哭一場。此件的複印件現存於招商局檔案館

工資，凍結存款，至今靠借支治療和生活」的現實狀況，懇求「除求得以真相大白之外，望組織上賜予工作機會」。

周恩來在信上批示：「請三辦復查。1974年。」

當政策落實，允許他工作之時，他沒有像同時被「解放」出來的幹部那樣對迫害自己的人感恩戴德，沒有高呼「無產階級文化大革命萬歲」，而是痛定思痛，對「文革」動亂的發生有所反思，對現行的機制有所思考。

當「文革」結束，開始查「三種人」(指在「文革」中追隨林彪、江青反革命集團造反起家的人，幫派思想嚴重的人，打砸搶分子)的時候，袁庚收到中組部的一份協查通知。某省的一位副檢察長曾是「三辦」審查袁庚專案組負責人，並附上該人照片，請他確認此人是否具有「三種人」的劣跡。此人窮兇極惡，還在審訊時對他拳打腳踢。但他心胸開闊，放棄了指證。袁庚是以德報怨，網開一面嗎？三十幾年後，筆者採訪他，追問不指證的原因，他在筆者的採訪提綱上寫道：「原因是自行車與汽車的立場不同。」

他想工作。原單位已將他除名，他不想也不可能「官復原職」。

他長期從事情報工作，做的許多事都是絕密的，怎麼會因自己所做的工作而坐牢？4年以後，1979年1月下旬，袁庚收到中組部部長胡耀邦派他秘書宋揚之1月20日寫來的一封信。他終於明白是甚麼人在整他。

袁庚同志：

據中央組織部編的《康生在文化大革命中點名誣陷的人名冊》中有你的名字，耀邦同志着我摘抄給你。原文如下：

1968 年 3 月 28 日在調查部業務領導小組報告上批示「此人問題極為嚴重，立即逮捕與曾生案一併審訊」。調查部報告上要求「停職接受審查」。

敬禮！

元月二十日

又過了 4 年，1982 年 4 月，中央書記處書記習仲勳牽頭中央直屬機關的機構改革，對中共中央調查部新班子成員說，調查部在「文化大革命」中多災多難，受苦很大。究其原因，他說，在延安時康生管過這個部，「文化大革命」中他更沒有放過。[①]

袁庚在政治上尚無定論的情況下，他去找關係，去走後門，為了謀一份差事。

先後被「打倒」的廖承志、葉飛、曾生又先後被「解放」出來。廖為人大副委員長。葉為交通部部長。1975 年 10 月，曾生被任命為交通部第一副部長。這三個領導都在東縱或兩廣縱隊時直接或間接領導過他。

在他們的關懷下，袁庚 1975 年 10 月間擔任交通部外事局負責人，不久便任外事局副局長。

廖承志、葉飛、曾生都出身華僑，也都愛才惜才。他們是了解、信任袁庚的，在原單位對他尚無正式結論前，大膽起用他，將交通部外事部門交付給他。交通部基建司工程師孫紹先因公出國，還需要這位「美國特務」批准。

---

① 《習仲勳傳》編委會編，《習仲勳傳（下卷）》，中央文獻出版社，2013 年版，第509 頁。

袁庚（右四）出獄後作為交通部外事局負責人接待瑞典交通大臣
一行訪問中國

袁庚（右一）陪同交通部副部長曾生訪問英國

1979 年 2 月，葉飛調往海軍任職，曾生接任交通部部長、黨組書記。

　　是年 9 月，曾生兼任香港招商局董事長。經他提議，交通部外事局副局長袁庚擔任香港招商局常務副董事長，主持招商局的日常工作。曾生說：「袁庚是一位經過考驗，有膽識、有能力的幹部，我相信他能把招商局的事情辦好。」

袁庚（左一）陪同交通部部長葉飛（右三）訪問北歐

第四章

革故鼎新

作為後來者的袁庚，1948 年北上參加濟南戰役、淮海戰役，為了中華人民共和國的誕生，在解放戰爭的戰場出生入死。30 年後，袁庚南下，成為香港招商局第 29 代掌門人，在南粵大地，為轉型時期的中國「殺出一條血路」來，成為中國改革開放的先行者。

歷經滄桑變更，袁庚對世界的看法歸納出兩句話：「變是常態，不變是變態。」

　　過了「耳順」之年，1978 年 6 月，袁庚 61 歲那年，受交通部部長葉飛委派，赴香港招商局進行調研。8 月中旬，袁庚返京，代交通部黨組起草了一份《關於充分利用香港招商局問題的請示》報告，經交通部黨組討論，10 月 9 日上報黨中央和國務院。這份報告的核心，其實只有三個字──「變則通」。

　　晚清重臣李鴻章開辦招商局是「設局招募商股」的意思，是中國近代經濟史上的一次重大的制度創新，是洋務運動至今僅存的經濟實體。作為後來者的袁庚，1948 年北上參加濟南戰役、淮海戰役，為了中華人民共和國的誕生，在解放戰爭的戰場出生入死。30 年後，袁庚南下，成為香港招商局第 29 代掌門人，在南粵大地，為轉型時期的中國「殺出一條血路」來，成為中國改革開放的先行者。

1979 年，袁庚在寶安縣南頭半島的蛇口，創建全國第一個工業園區 —— 蛇口工業區。「蛇口發生的社會變革的實質，可以說是為優化人的生存空間、激發人的創造精神所作的認真探索，一系列改革的試驗與對人的逐步完善的關心互為因果，終於展現出一個較為理想的社會的雛形。」(《見證蛇口》編委會，《見證蛇口》，花城出版社，1999 年版）

李先念給他一個半島

　　早在 1940 年 9 月間，袁庚裝扮成香港過來的商人去敵後開展工作。隨後又多次以商人身份遊走於寶太線各個地主武裝之間，爭取在抗日上形成統一戰線。在東縱或隱蔽戰線的幾十年裡，他沒有做過半個銅板的買賣。直到 61 歲，一個偶然的機會，他去上海某造船廠調查，才接觸經濟工作，思考經濟問題。隨後進入招商局領導層，開啟了臨近黃昏卻是全新的人生之旅。

　　他不懂經濟，著名經濟學家宦鄉説「他是一張白紙」。也許正是「一張白紙」，沒有束縛，沒有陳規陋習，他才看清招商局的弊端，果敢地求變求新。

　　袁庚代交通部起草的《關於充分利用香港招商局問題的請示》，集中了交通部及其所屬的香港招商局上下的智慧，第一次提出了招商局「立足港澳，背靠國內，面向海外，多種經營，買賣結合，工商結合」的改革方針，第一次提出了「適應國際市場的特點，走出門去搞調查，做買賣」對外開放的建議。

　　回望 1978 年，重新審視這份《請示》，不同的人有不同的解讀，但不可否認的是，它對於中國改革開放具有歷史性的突破作用。

　　這份報告是 1978 年 10 月 9 日呈上去的，僅僅 3 日後，10 月 12 日，中共中央副主席、國務院副總理李先念批示：「只要加強領導，抓

1978 年，袁庚到香港主持招商局工作，11 月 1 日在香港富麗華酒店舉行酒會招待各界人士。圖為袁庚（右四）在酒會上與中外人士見面

緊內部整頓——手腳可以放開些，眼光可以放遠些，可能比報告所説的要大有作為！」當時的中共中央主席華國鋒和副主席葉劍英、鄧小平、汪東興以及國務院副總理紀登奎、余秋里、谷牧、康世恩閲批同意。

袁庚對香港既熟悉也陌生。當「文革」把國民經濟拖到崩潰邊緣的時候，香港抓住機遇快速發展。他是勤思敏學的人，身處市場經濟發達的大都市，他開始對計劃經濟僵硬體制下國有企業的種種弊端進行反思。

他的「香港第一課」是資本家給他上的。

香港招商局總部在干諾道 15 號樓，已經不適應發展需要。內地正在開展真理標準的討論，具有劃時代意義的十一屆三中全會即將召開，將要拋棄「以階級鬥爭為綱」的「左」的錯誤方針，全黨工作重點將轉移到現代化建設上來。袁庚考慮到內地工作重點轉移後，香港的地價樓價肯定快速上揚，他要趕在大潮湧動前買棟樓等待升值。在他的力爭下，交通部批准招商局買樓。袁庚一面尋求銀行貸款，一面帶人看樓，選中距離總部近，處於鬧市區，價格較低的干諾道上一幢 24 層的商業大廈。袁庚是談判老手，氣定神閒，太極推手，樓價從原本就較低的 6500 萬元壓到 6200 萬元，袁庚最後拍板的成交價是 6180 萬元。這天是週五，下午 3 時香港各家銀行停止營業，要到兩天後的星期一上午 9 時才開門營業。對方老闆為了將招商局 2000 萬元定金趕在下午 3 時之前存入銀行自家賬上，以便獲得這雙休日前後三天的浮動利息 28000 元，謝絕袁庚的飯局，只叫快餐填填肚子，急着上律師樓辦手續。為了趕往銀行，老闆的小車停在樓前，沒有熄火，司機在駕座上待命。下午 2 點 30 分，對方拿到 2000 萬元的支票立即駕車趕往銀行存款。

這次買樓之後，袁庚在招商局內開展財務檢查，發現不少子公司不及時進賬，有人把支票壓在家裡不當一回事兒。袁庚及時撤換不負責任

的財會人員。僅僅進賬這一事，就使全局的收益狀況大為改觀。

為了給招商局尋找一塊施展拳腳的基地（最初叫後勤基地，後來改叫工業區），袁庚帶隊先後在香港、澳門考察，計劃買塊地求發展，終因港澳的地價高昂而作罷，轉而將目光轉向有充足的土地和人力資源的內地。1978年11月間，招商局黨委會議上，黨委成員形成向與香港一水之隔的寶安縣蛇口公社尋求基地的共識。

正是春潮湧動的時刻，1978年年底與1979年年初，中共廣東省委第一書記習仲勳提出，要利用臨近港澳的有利條件，在廣東搞一個出口加工區。招商局在蛇口設立工業區的構想，葉飛、曾生非常贊同，得到分管全省工業建設的廣東省革委會副主任劉田夫的大力支持。曾生、劉田夫、袁庚都是當年東縱的精英。在葉飛的提議下，招商局代廣東省革委會和交通部起草聯名向國務院請示的文稿《關於我駐香港招商局在廣東寶安建立工業區的報告》，招商局辦公室副主任朱士秀寫了第一稿，袁庚在總經理金石修改的基礎上作了修改，招商局領導班子研究過後又送曾生修訂。曾生審定當日，1979年1月5日，劉田夫等審閱簽批，經有關領導審批後，1月9日打印成文，1月10日葉飛簽發後準備向上呈送。

為了讓國務院領導了解招商局建立蛇口工業區的意圖與計劃，爭取國家領導人的支持，葉飛於1月26日，農曆年除夕前一天，給李先念副主席寫信，請他抽空聽聽袁庚彙報並給予指示。1月31日，大年初四上午10時，袁庚隨交通部副部長彭德清走進中南海李先念辦公室。李先念正在與國務院副總理谷牧交流，立即聽取了袁庚的彙報。袁庚把事先準備好的一張香港地圖攤開來說：「我們想請中央大力支持，在寶安縣的蛇口劃出一塊地段，作為招商局工業區用地。」李先念順著袁庚手指的移動，目光落在西北角上廣東省寶安縣新安地界上說：「給你一

關於我駐香港招商局在廣東寶安建立工業區
的報告

塊地也可以。」他接過袁庚從辦公桌筆筒裡抽出來的鉛筆，在寶安縣南
頭半島的根部，劃了兩根線條：「就給你這個半島吧！」

　　這一劃，足有 30 多平方公里大。袁庚考慮到資金壓力，參照境外
工業區的規模，只要了南頭半島南端的蛇口，面積 2 平方公里多一點，
後來袁庚多次在口頭上說是 2.14 平方公里。

　　李先念翻閱交通部與廣東省的報告，徵詢谷牧意見，谷牧說你批原
則同意，我去徵求有關部門意見。李先念用袁庚遞給他的鉛筆在《報告》
上批示：「擬同意。請谷牧同志召集有關同志議一下，就照此辦理。」

　　李先念說，資金問題你們自己去解決，生死存亡你們自己管，你們
自己去奮鬥。

　　李先念批示的 48 個小時後，2 月 2 日上午 9 時 30 分，谷牧主持召

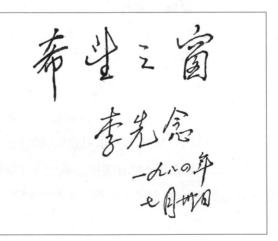

李先念在交通部、廣東省報告上的批示

李先念給工業區題字

開國務院有關部委領導人會議，具體落實招商局建立工業區的問題，交通部彭德清、袁庚、江波參加了會議。谷牧請來的諸君，都對招商局工業區這一新生事物握有生殺大權。袁庚把要辦的工廠向大家作了介紹，希望各路神仙高抬貴手。谷牧強調原則已定，大家都要支持，現在就「照此辦理」起來。

李先念那麼爽快地批覆報告，樂意給招商局一塊地去冒險。幾十年後，2004 年，袁庚是這樣總結當時形勢的：那時小平已經發話了，說要吸收國際資金和先進技術；國務院已經派出經濟代表團出國考察；大家都在尋找打開局面的機會。我們的報告恰好在這個時候遞上去，中央看到有一個駐外企業願意積極試驗，又有廣東省的支持，而且不用財政部撥款，認為可以試一下，因此事情很快就定下來了。

從習仲勳，到廣東省委、省革委會以及寶安縣，都支持香港招商局在蛇口建立工業區。

1978 年春天，南粵喜訊頻傳。

這年的 3 月裡，老一輩革命家習仲勳在長達 16 年的下放勞動和被迫害、關押後，開始恢復工作。9 月間，臨危受命，主政廣東。

中央委派一位擔任過國務院副總理 10 年之久的重量級政治家坐鎮廣東，引起中外媒體的關注。「哇，好大粒！廣東省得發達啦！」廣州市民的街談巷議中，對這位「大人物」充滿期待。歷史證明，中央派深受極左錯誤迫害而在人民群眾中很有聲望的習仲勳主持南方大省工作，是極有戰略眼光的佈局。[1]

---

[1] 呂雷、趙洪：《習仲勳：為改革開放殺出一條血路》，中國共產黨新聞網，2008年 12 月 30 日。

1978 年 7 月，習仲勳深入寶安縣調研，在沙頭角中英街考察。

粵港兩邊貧富懸殊，對比鮮明，習仲勳心裡很難受，與寶安縣委書記等人交談了很久。他支持和鼓勵寶安幹部對吸收外資搞加工業等問題「說辦就辦，不要等」，「只要能把生產搞上去的，就幹，不要先去反他甚麼主義。他們是資本主義，但有些好的方法我們要學習」。[①] 在當時的語境下，習仲勳的話真是石破天驚。

1978 年 10 月，廣東省革委會向國務院上報了《關於寶安、珠海兩縣外貿基地和市政規劃設想》。這時，習仲勳和中共廣東省委也同意國家交通部香港招商局在寶安蛇口投資建立工業區的提議，廣東省和交通部聯名於 1979 年 1 月 6 日向國務院呈報了《關於我駐香港招商局在廣東寶安建立工業區的報告》，正式提出在寶安蛇口建立工業區，利用外資和先進技術，推動我國交通航運現代化，促進寶安和廣東省的建設。

1978 年 12 月 22 日，中共十一屆三中全會勝利閉幕。全會確定了解放思想、開動腦筋、實事求是、團結一致向前看的指導方針，作出了把黨和國家工作中心轉移到經濟建設上來，實行改革開放的歷史性決策。習仲勳列席了這次會議，被增補為中央委員。

袁庚在香港，組織招商局幹部、職員認真學習黨的十一屆三中全會公報。對這次偉大的轉折，共產黨人的偉大覺醒，袁庚喻之為「天亮了」。

1979 年 1 月 23 日，廣東省委決定寶安縣改為深圳市。3 月初，國務院批覆同意寶安縣改為深圳市。4 月間，中央經濟工作會議上，習仲勳提出將深圳、珠海和汕頭劃出一塊地方，成為「貿易合作區」。他說，

---

① 王全國、楊應彬、張漢青：《深切懷念習仲勳同志》，《廣東黨史》2002 年第 4 期。轉引自《習仲勳傳》編委會編，《習仲勳傳（下卷）》，中央文獻出版社，2013 年版，第 402 頁。

我們省委討論過，希望中央讓廣東能夠充分利用自己的有利條件，先走一步。中央領導很重視他的提議。

會議期間，習仲勳向鄧小平作了「讓廣東先行一步」的專題彙報。鄧小平非常贊同廣東富有新意的設想，感到這是一種新思路，是中國實施開放政策、促進經濟發展的一個重要突破口。當聽説「貿易合作區」的名稱定不下來時，鄧小平説：「還是叫特區好，陝甘寧開始就叫特區嘛！中央沒有錢，可以給些政策，你們自己去搞，殺出一條血路來。」[①]

「東方隨春歸，發我枝上花。」(李白)

在「春來發幾枝」的期待下，現在，就看袁庚如何在蛇口 2.14 平方公里的海邊畫山繡水做文章，在中國改革開放的版圖上綻放獨有的風景了！

---

① 《習仲勳傳》編委會編，《習仲勳傳（下卷）》，中央文獻出版社，2013 年版，第 454—455 頁。

「讓老夫衝鋒陷陣」

　　蛇口工業區的開發，是一場有計劃的大膽的冒險行動。對於拿過槍、搞過政治運動的人來說，無疑是全新的一課。

　　農曆年一過，袁庚就要回香港「照此辦理」了。在京期間，他必須解決兩項關於自己的後顧之憂，一是政治上的，一是家庭的。

　　十一屆三中全會之後，黨和國家大規模改正冤假錯案。在 1979 年 2 月間，調查部對一大堆冤假錯案進行了改正，僅剩 3 個人沒有獲批改正。在招商局擔任要職、進出港澳的袁庚恰恰沒有獲批改正。

　　袁庚一腔怒火，夜訪領導府邸，第一次當面批評上級領導：「有人藉我過去的歷史整我，你也去摻和？」他懇切地呼籲，在政治風暴面前堅守良知，決不整人。當晚，他上書中共中央組織部部長宋任窮，以書面形式向組織上提出改正的要求，同時「希望對涉及當年抗戰華南遊擊隊和地方黨的假案、冤案、錯案能一一予以改正」。

　　在宋任窮的批示下，袁庚離京前，收到了中共中央調查部委員會對他的復查結論：「袁庚同志的歷史，工作是清楚的，政治上無問題，所強加給袁庚同志『與美軍觀察組進行秘密勾結出賣情報』『同香港英軍談判中出賣我黨利益』的問題，純屬誣陷不實之詞，應予推倒、改正，恢復名譽。」

　　此後，袁庚在招商局，在蛇口工業區，在各個節骨眼上力保幹部，

有問題自己扛着，決不整人，不能不説與他深受整人之害不無關係。

第二件雖是家庭問題，卻是一反常態的。

他向葉飛提出要求，請把夫人汪宗謙從調查部調進香港招商局。他可以不帶一兵一卒，但必須攜夫人一同赴任。他公開的理由是年紀大了，需要老婆照顧。他潛台詞是：我遵照國際慣例，重要的社交場合帶夫人出席。多年以來，共產黨幹部是不帶夫人上台亮相的。他在香港，在國際大都會騰挪，需要夫人「住」到他任上去。他這個不符常規的要求，葉飛批准了。

袁庚把汪宗謙帶到香港招商局，一不讓她接觸人事，二不讓她染指財富，而是把她關在資料室整理資料、文檔。夫妻雙雙露面的重要場合，才把她「解放」出來登台「秀」一回。

蛇口工業區提上議事日程之始，袁庚有意把遠洋公司總經理張振聲推向前台，1978 年年底，讓他從香港進入蛇口打前站。從 1979 年 2 月始，把在蛇口坐鎮指揮的重擔交給他。他提出的唯一要求是增派人手。但是，不論袁庚如何動員、做工作，招商局總部沒有一個幹部願意離開香港到蛇口創業，只好從下屬公司抽調嚴華、林遠生、張鳴，趕往蛇口去協助張振聲、許智明。

1979 年 7 月 2 日，蛇口工業區基礎工程正式破土動工，轟隆隆的開山炮炸醒了沉睡的蛇口。蛇口這一聲炮響，被譽為中國改革開放的第一聲「開山炮」。中國改革開放的第一幕，是在深圳蛇口，一個籍籍無名的海濱小鎮拉開的。

袁庚想不到的是，在蛇口的生活比預計的還要艱苦。生活困難可以設法克服，政治風險卻很難躲避。1979 年 5 月 1 日，交通部有一副部長蒞臨香港招商局視察，隨後袁庚邀請他去蛇口看看，他説「荒山野嶺

袁庚（右一）和兩個幹將在一起，左邊是梁鴻坤，中間為許智明

袁庚與招商局領導班子研究企業發展規劃

有甚麼看頭？」在蛇口看了 15 分鐘，他急切地趕回香港，突擊檢查袁庚的住處。在北京，交通部機關內瘋傳袁庚被資本主義腐蝕了，在香港擁有豪華別墅。副部長到袁庚家一看，不過是租住的兩室公寓，公寓的名稱那真是「高大上」——「伊麗莎白」。

你在前面辛辛苦苦地幹，有人在你背後放冷槍，在你腳下鬧地震，袁庚在這種生態環境裡歷練成鋼。牢都坐過了，還怕你扣帽子打棍子嗎？可是，長期在香港工作的金石與張振聲等骨幹卻無法適應這種政治環境。袁庚除被誣為「腐化墮落」外，還因引進境外資金、技術和管理來發展生產被人檢舉「裡通外國」。交通部科技情報所的梁憲調派香港招商局，遵袁庚囑託研究世界各國加工出口區的經驗教訓，趕往蛇口工作。有專家學者嚴肅地問他：「你們準備甚麼時候跟社會主義接軌？」留在北京工作的梁妻曾兆惠馳書梁憲：「你去蛇口，將來因為這個事判你很重，甚至要槍斃的時候，我不希望看到你流淚！」袁庚鐵了心，不怕任何人的明槍暗箭。然而，金石、張振聲為了平安着陸，不能不有所忌諱。

此時張振聲堅辭蛇口工業區指揮部黨委書記兼總指揮之職，要求返回遠洋公司幹他的老本行。

為蛇口工業區的創建、為招商局建立完整配套的航運體系做出很大貢獻的金石，為了避免「晚節不保」，於 1980 年 5 月提交辭呈。

還是在 1978 年年底，袁庚做出驚人之舉。他以招商局的名義，向日本川崎重工株式會社下了訂購 11 艘滾裝船的大訂單，總計 10.5 萬噸載重量。這是中華人民共和國第一批向發達國家訂購的新船，氣魄、眼光、實力遠超過第一次向國外購買二手船明華輪，令香港航運界刮目相看，讓香港工商界嘖嘖稱奇。在 1979 年至 1985 年，國際航運業處於衰退及緩慢復蘇態勢下，1979 年年底，袁庚在招商局設立船務部，不久

袁庚到了香港招商局後，大力買船抓航運，替中國遠洋
總公司下了訂購 11 艘滾裝船的大訂單，總計 10.5 萬噸
載重量。這是中華人民共和國第一批向發達國家訂造的
新船，為國際航運界及造船工業界所矚目

袁庚（左）和他的幹將梁鴻坤在海邊交談，此時的袁庚一心想着
要把蛇口建造成最適宜人類居住的地方

改組為香港明華船務有限公司，抓住機遇，重振招商局的航運主業。

袁庚不僅買船建立遠洋船隊，還親赴日本，說服大阪造船廠社長南景樹打破技術壁壘，向中國轉讓技術。南景樹表示大阪船廠將承擔對招商局的技術轉讓工作，不附加任何條件接受 40 名見習生來大阪船廠實習，還希望袁庚牽線搭橋，與中國某家大型船廠結成姐妹廠。

此後，在世界四大洋的海面上，香港招商局船隊飄揚着明華公司旗幟，跨越 100 多年前懸掛紅底黃色圓月旗幟的招商輪船航行的海域，續寫一個民族的強國夢。

張振聲去意已定，袁庚首先考慮讓在蛇口已經幹了將近一年的副總指揮許智明轉正。許曾是港九情報大隊副政委，中華人民共和國成立後在一機部辦公室工作。聽說袁庚在蛇口建工業區，向老領導曾生要求調到招商局，被袁庚安排在蛇口當張振聲的助手。張振聲離開後，他在蛇口獨當一面。袁庚找他談話，他表示如果沒有別的同志願意幹，他可以幹，甚至願意像袁庚這樣頭頂「副」字卻挑起全局重擔。袁庚立即上報，部裡沒有批覆。隨後，袁庚先後與幾個他認為堪當此任的同志談話，希望他們出馬。

這幾個同志憑着多年的「生存智慧」，拒絕當「出頭鳥」。

萬般無奈下，分身乏術的袁庚斷然決定：老頭子我自己來當這個挨槍打的「出頭鳥」！

袁庚給了自己一段試用期，在熟稔工業區的運作之後，也就是金石離開香港招商局 5 個月後，1980 年 10 月，經交通部黨組批准，袁庚兼任蛇口建設指揮部總經理。許智明還是副總，在 4 個副總的排名中排在第三位。

這一年，袁庚 63 歲。

骷髏頭、四分錢與權力博弈

　　蛇口？這個地名並不討喜。沙頭（諧音殺頭）、南頭（諧音難頭）、水圍、草埔——原寶安縣不少地名折射出原住民生存的艱辛。

　　「在廣東寶安縣的西南邊有一座山，形狀像個蛇頭，伸向南海，像是在向這個水域張嘴，想一口把它吞掉。」

　　「人們把這個地方叫做——蛇口，大概是想說明這裡的特點吧：荒涼，很少人煙。」①

　　袁庚在荒沙漠漠的海灘上行走，從五灣走到六灣。

　　這個時候，逃港潮的餘波還在。不少人從蛇口下海，藉助氣枕等物游向海灣對岸，尋求「資本主義的苗」。這當中又有不少人葬身大海，屍體被潮水送回蛇口海灘。在五灣勘察，在一灣挖土作業，會從沙灘裡翻出溺海者的屍骸。張振聲不得不和同事們充當「拉屍佬」，喝上一口酒，對無名屍鞠個躬，一聲「對不起，打擾了！」然後，挖個深坑掩埋。黃昏，袁庚信步走到五灣。在他眼前，蛇口通訊站剛分配來的大學畢業生武克鋼等青年建設者們，把從海邊撿來的骷髏頭堆砌在一起，圍着骨頭嬉笑打罵。

　　袁庚曬黑的瘦臉一下子漲得通紅，怒吼道：「我——命令——你

---

① 葉君健：《蛇口一日》，《人民日報》1983 年 4 月 4 日。

們，把這堆 ── 骨頭 ── 給我埋掉！深深地 ── 埋掉！」

　　晚上，袁庚緊急召集指揮部全體成員開會。在蠔房改造的會議室裡，袁庚一直站着說話，談的是傍晚五灣發生的事情。「你們知道那些屍骨是甚麼人嗎？他們都是你們的同齡人。只是為了生存，冒死渡向對岸。」他強調對溺水而亡的偷渡者，包括趕海人、舟行者，對他們的生命應該有一份敬畏。「我年輕時，率領炮兵部隊解放這個地方的時候，這裡好像比現在還富。現在，怎麼比那個時候還窮？我們怎麼能對得起我們的老百姓？」他眼眶濕了，神情憂戚。

　　武克鋼低下頭，眼裡噙着淚水。

　　蛇口的建設者們，決心搞好工業區，抓好經濟建設，為中國的富強、百姓的富庶做出不懈努力。

　　可是，在蛇口工業區，每前進一步，都困難重重。

　　建設工業區之初，袁庚提出掙脫現行體制中「大鍋飯」的設想，得到谷牧的讚賞。1979 年 10 月間，工業區指揮部對四航局在 600 米順岸式碼頭工程中率先實行定額超產獎勵制度，加快了工程進度。四航局車隊規定每人每日勞動定額為運泥 40 車，完成定額者每車獎勵 2 分錢，超過定額則每超一車獎 4 分錢，司機的積極性被調動起來，原定 1980 年 3 月底完工的 150 米碼頭工程整整提前了一個月，為國家多創產值達 130 萬元，工人的獎金只佔他們多創產值的 2%，為工業區早日通航爭取到了一個月的寶貴時間。1980 年 3 月 22 日，國務院副總理谷牧視察蛇口工業區，對招商局自籌資金建設的這段碼頭很感興趣，長時間在碼頭上停留，不時地向袁庚詢問一些問題。

　　3 月 26 日，谷牧在廣州參加閩粵兩省彙報會，對蛇口工業區基本上按經濟規律辦事表示肯定，比如搞計件工資，超產有獎，縮短了工

期，「這是路數對頭」。谷牧的話言猶在耳，國家勞動總局和交通部就相繼發出了「紅頭文件」叫停超額有獎的改革之舉。有人指責蛇口「獎金掛帥」，是「倒退」。蛇口又開始了「大鍋飯」，600 米碼頭工程進度緩慢下來。

袁庚率領許智明、梁鴻坤等人去施工現場調研，司機坦言，搞平均主義，大家都磨洋工嘍，倒霉的還是你們工業區。5 月 7 日，蛇口工業區指揮部向交通部等呈送《關於蛇口工業區特區基本建設按經濟規律辦事實行定額付酬辦法的請示報告》。7 月 30 日，中共中央總書記胡耀邦在《關於深圳市蛇口碼頭工程停止實行超產獎，造成延誤工期，影響外商投資建廠》新華社內參上批示：「為甚麼國家勞動總局能這麼辦，交通部也這麼積極？看來我們有些部門並不搞真正的改革，而依然搞靠規定發號施令過日子。這怎麼搞四個現代化呢？」

同日谷牧批轉有關部委，強調「既實行特殊政策，交通部、勞動總局這些規定在蛇口完全可以不實行」。

8 月 1 日，蛇口工業區獲准實行「超產獎」，四航工程處宣佈恢復「定額超產獎」。碼頭工程進展順利。

改革不僅觸動價值觀，更多的是權力與利益的再分配。袁庚希望像香港企業那樣有自主權，不然關卡重重，這關過了那關攔。一項情報，只有送達決策層上，才具有全局意義。袁庚意圖把改革受阻的椿椿件件直達黨中央，問題是誰為他傳送「情報」？他把希望寄託在媒體，尤其是中央媒體的記者們身上。十幾年來，他一直與央媒的「無冕之王」們保持着良好關係。

蛇口工業區所有道路網絡都由招商局投資，但須按條條管理原則交給交通部門的公路局來承建，且為「不二價」。工業區外有一條 7.6 公

袁庚帶隊觀測蛇口港

蛇口的荒山野嶺

早期的蛇口一隅

105

里長的專用公路將區內幹道與 105 國道對接。承包方修好路，卻留下最後 200 米不鋪設瀝青，工程處處長以此作為向發包方工業區索要財物的籌碼。

投資開發建設了 10 個月，蛇口大變樣。「五通一平」(通路、通航、通電、通水、通信和平整建築用地) 工程已近完成。對外資和國外先進技術的引進工作已經開始，已與港商和外商簽訂了 15 宗開辦企業的協議書。1980 年第四季度，有兩個合資廠建成投產，還有一批工廠翌年興建或投產。指揮部僅有一部 20 世紀 30 年代的手搖電話機，要與境外通話至少需要等一兩個小時。袁庚想引進國外最先進的通信設備，郵電部門提出要用 20 世紀 50 年代的國產設備。好不容易談判下來可以引進設備，郵電部卻提出由招商局投資交給他們管理。這是出於通信保密原則，是國家的規定。蛇口的通信問題，從提出到 1980 年 6 月已經 8 個月了，就是得不到解決。

萬般無奈之下，袁庚還是老辦法，請記者朋友們伸出援手。9 月 3 日，胡耀邦在一份題為《蛇口工業區建設中碰到的幾個「卡脖子」問題》的內參上批示，批評「卡脖子的官僚主義」「攔路打劫的官僚主義」，建議谷牧「抓住這個麻雀，弄個水落石出，必要時制裁一些人（最後是採取經濟制裁）」。

於是，施工設備進口問題，技術工人和技術幹部調配問題，各路「諸侯」都放開了口子。

那位索賄的工程處處長被革職。24 小時後，最後 200 米鋪上了瀝青，蛇口工業區向外延伸的公路終於貫通了。

1981 年 8 月 13 日，因郵電部「鬆綁」，蛇口通信微波站得以立項並建成，在蛇口通訊公司技術員武克鋼的操作下，在香港招商局大樓辦公

最早的建設指揮部

早期的建設者們在蛇口海邊勞作

建設中的蛇口

的袁庚接到了由蛇口向香港打出的第一個長途電話。蛇口通信微波站是內地首次由企業以商辦形式建成的新式商業通信系統。

在中央政治局委員、全國人大常委會委員長葉劍英 1980 年 4 月 27 日視察蛇口工業區不久，總書記胡耀邦於 12 月 13 日在中南海勤政殿接見了袁庚。袁庚連夜把總書記接見他的信息記錄在案，存檔，這是前進的動力。按照黨中央的指示精神去行動，在計劃經濟的堅硬土地上，他才可能衝破體制的重圍，才能夠「放膽去發展」。

招商局檔案館現存《胡耀邦接見袁庚同志談話記錄》的複印件，是袁庚離開中南海返回北京家中的追記。當日，寒暄後胡耀邦首先詢問香港的情況，又問港英當局對 1997 年回歸的反應。當彙報到蛇口工業區不搞來料加工，不搞補償貿易，不搞污染工廠，不歡迎陳舊設備，不引進影響外貿出口的工廠時，胡耀邦問搞來料加工有甚麼不好，袁庚作了扼要的闡述。胡問哪些國家、企業在蛇口投資，袁庚詳細作了介紹……

袁庚彙報到胡耀邦兩次在「蛇口」問題「內參」上批示，為工業區解決了很大難題時，胡耀邦說「處理這些問題是我的職責」，又說那位公路局的甚麼處長真是可惡至極。袁庚說這樣的小事干擾中央領導，我們心裡實在不安。胡耀邦說「應辦的事還是要辦」。

當袁庚談到建設蛇口工業區的五點體會（即內外結合，要有相應權力，要有籌措資金來源，要按經濟規律辦事，要從艱苦的基礎工程做起）時，胡耀邦問，你究竟要多大的權力，是否把你的要求寫個報告給我？

當袁庚談到讀了胡耀邦總書記在紀委的講話（即《黨風是黨的生死存亡問題》）中談到的黨內不良作風，因而深感不安時，胡耀邦說問題不少，慢慢來。

最後，袁庚主動告辭，表示佔用他很多寶貴時間，心裡不安，胡耀

邦一再問還有甚麼問題，並囑，以後你還可以寫信給我嘛。

受到總書記召見的一週後，谷牧在中南海接見他，聽取關於蛇口工業區建設的彙報。8 月間，深圳市已正式闢為經濟特區。谷牧建議在「蛇口工業區」前面加上「深圳特區」，有利於「放膽去發展」。

第二年年初，袁庚在香港招商局新樓召開了蛇口工業區新聞發佈會。香港《明報》記者的問題十分尖銳：「1949 年，你帶領軍隊南下深圳，解放了蛇口地區，將資本家趕跑，建立了一個公有制社會。但是，現在，你又在蛇口開發了一大片土地，搞了一個工業區，將資本家請回去搞經濟。我想問一下，你在蛇口搞的是資本主義還是社會主義？你究竟所為何來？」

袁庚不是理論家，雖然，在外交場合東衝西突過，在挑釁面前，他只有如實回答：「搞社會主義是為了國富民強。過去，我們沒有搞好，內地目前還很窮，所以現在黨中央立志搞改革，為的是讓老百姓過上好日子。」他強調「不管是社會主義還是資本主義，爭論是無用的，我們建設中的蛇口不能讓人民繼續過苦日子」。

袁庚心裡清楚，姓「社」還是姓「資」的問題，始終是懸在他頭頂的利劍。

新任廣東省委第一書記任仲夷對他說：「你有甚麼麻煩，找我好了，我解決不了的到中央解決。」

5 月下旬的一天，袁庚早晨趕回香港招商局開會，接到許智明電話，新華社記者宮策與張洪斌專程趕至蛇口，點名要採訪最高指揮官。考慮到袁庚年紀大，舟車勞頓，許智明建議讓他人去接待記者。袁庚說不，還是我去吧。下午 3 點，他從香港趕回蛇口，向記者如實相告蛇口

的困境，自己的擔憂與壓力，還有他理想中的前景。他強調蛇口工業區與當今改革有着不解之緣。「這並不是我們有多麼高明，有甚麼遠見，說穿了，這是由我們獨特的生存方式和經濟地位決定的。至於後人可能會說，我們是中國改革開放的先行者，那真是高抬了我們，充其量，我們不過是無意間在客觀上扮演了這個角色⋯⋯」

　　一個月後，6月16日，新華社播發了這兩位記者撰寫的《蛇口工業區建設速度快》新聞。同日，《人民日報》全文刊發了這篇電訊稿，指出「蛇口方式已引起人們廣泛注意」。中央人民廣播電台對外廣播將「方式」譯為 Mode（模式）。

蛇口的「黃埔軍校」

20 世紀 80 年代初，中國人事管理制度還是計劃經濟下的統調統分，幹部和技術人員不得自由流動。蛇口工業區規劃編制為 25 人，只能從招商局內部解決，直到 1979 年上半年還湊不攏一桌人。從交通部抽調幹部，更是艱難。工業區有錢有地，就是沒人！

1980 年 3 月 14 日上午，袁庚在律師樓與香港森發有限公司簽訂在蛇口合資興辦華美鋼鐵有限公司的協議，午飯後趕往蛇口。許智明在碼頭接船時告訴他，有個「後生仔」(年輕人) 喬勝利，是分管人事工作的，問他要不要見一見？從部裡抽調過來的幹部、技術人員，僅限於水務與交通人才，聽說調來一個填補空白的人事幹部，袁庚立即調閱喬勝利的檔案，當晚就去鐵皮房招待所找他聊天。

這場由許智明陪同的聊天，長達 4 小時，基本上是袁庚自己關於人事制度改革的報告會。他先表明希望憑中央給的一點權力，在這裡進行一場冒險的改革，這場改革中，首先就是幹部體制上的改革。他強調人才是前進的基石。考慮用香港的招聘經驗，通過考試向全國招聘人才，來改變幹部隊伍的現狀。在用人制度上，堅決杜絕後門。招工必須經過考試、體檢，合格的簽半年試用合同。他還希望從內地其他地方調進的幹部，不論其原來的級別、職務如何，一律凍結在本人檔案中，只作為基本工資參考。幹部與經理統統實行聘任制，任期一年。「我希望

你把自己的檔案、別人的檔案全部鎖在保險櫃裡，把內地那一套統統拋棄掉。」

3個月後，喬勝利被任命為工業區人事科科員、勞動服務公司副經理。日後，還任培訓中心支部書記。蛇口工業區的幹部招聘與培訓，以及人事制度的改革都開始貫徹執行。

在與喬勝利頭一次聊天後不到半個月，谷牧在廣州召開的彙報會談話中談到蛇口用人問題，提出了一個「擇優招雇聘請」新概念。兩天後，3月28日，袁庚就羅致人才問題寫信給谷牧。谷牧當日批示「各方均應支持你們」。

1981年8月16日至17日，蛇口工業區首次在武漢長江航運局的海員俱樂部張榜招考幹部，近50位應聘者需應考3門，除英語、國際知識外，還有一門袁庚出的考題：試論我國對外改革開放。因只在本系統招考，合格考生非常少。

9月17至9月18日兩天，蛇口工業區花錢在《廣州日報》連續刊登同一則招生簡章，日後被譽為中國第一份人才招聘簡章。報考者眾，僅廣州一個報名點報考人數逾600名，有資格應試者230名，通過考試錄取人數僅有50多名，其中不少「尖子人才」原單位就是不放，招聘也很困難。

次年3月29日上午，袁庚在深圳向谷牧彙報蛇口工作，談到招聘困難，擬從清華、交通等大學招聘應屆畢業生或研究生。隨即，送上早已打印好的袁庚個人寫給谷牧和宋任窮的短柬和招商局蛇口工業區越級致中組部請求在有關省市院校實行招考招聘，解決各種專業人員的報告。谷牧當即表明了個人態度：「任窮同志：這是選人用人的一個新的路數，我看應當支持特區繼續試行，請酌。」

袁庚即刻委派劉清林、喬勝利帶着谷牧在袁庚短束上的批示面呈中組部。進京前，袁庚向喬勝利面授機宜，應該找甚麼人，説甚麼話，遇到甚麼情況説甚麼話。

1982 年 4 月 28 日，中組部幹部調配局為蛇口工業區開具了 13 張組織介紹信，讓劉清林、喬勝利前往全國 13 個省市招聘幹部。直至 1983 年秋天，全國各地 100 多位幹部匯聚蛇口，投身變革第一線。

説袁庚求賢若渴，一點也不過分。5 月初，袁庚飛到北京向部裡彙報近來的工作。隨後，出席清華大學學生會組織的見面會，與 300 多位應屆畢業生傾心交談，鼓動青年才俊奔赴蛇口。

他翻看清華大學人才檔案，對 34 歲的大學生顧立基甚有興趣。顧是「老三屆」，當年夏天畢業。袁庚看中他兩點，一是他發起成立了清華大學學生經濟管理愛好者協會；二是在上一年參與競選海淀區人大代表，成為 1981 年全國高校在校學生中唯一一位區人大代表。

5 月 9 日星期天，他不讓駐京辦事處派車，騎上 1959 年用出國指標買的英國三槍牌自行車，由女兒袁尼亞騎輛鳳凰車陪同前往清華大學，從西苑騎了 20 多分鐘就累得滿頭大汗。他在寢室裡找到顧立基，語重心長地説：「我們老了，時間不多了，蛇口和中國改革的希望寄託在你們年輕人身上 —— 蛇口永遠歡迎一切志同道合者！」年輕人當即打定主意，跟隨袁庚，加盟蛇口。

袁庚還看中了余昌民。小余是清華企業管理系首屆研究生，曾被派往日本專門研究企業管理，準備留校任教。袁庚想把他「挖」到蛇口去，被清華拒絕。袁庚回到香港後，對他念念不忘。1983 年 3 月，「賊心不死」的袁庚邀請清華大學校長劉達到蛇口調研。在陪同考察中，一再要

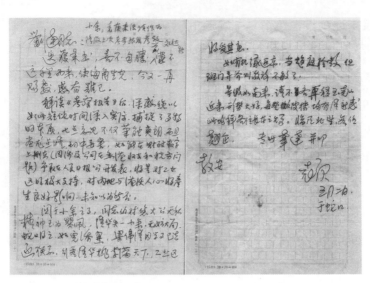

袁庚愛才。1983 年 5 月，袁庚給清華大學劉達校長的親筆信

袁庚（左二）出訪美國

114

求校長放走小余，理由是蛇口「迫切需要企業管理專業人才」。是年 7 月，余昌民夫婦一同調入蛇口。袁庚給劉達寫了一封感謝信：「清華失一小余，無妨大局，蛇口得之，如虎添翼 —— 看清華桃李滿天下，工業區將受其惠。」

後來，劉達將這封袁庚的親筆信轉送給余昌民，余昌民珍藏至今。

有些人才與本單位領導關係不好，一直被棄用。當聽說蛇口要用，單位立即卡住不放。對這種情況，袁庚鼓動人家辭職，他這裡收。他希望有人開這個先例。最多就是單位去告狀，最好告到國務院。「捅開幹部私有制」，杜絕人才浪費。

1985 年，袁庚提議赴美國、加拿大招聘學成的自費留學生加盟蛇口。2 月底，招商局人事部等 3 人在美、加 7 個城市，走訪、接觸 140 多名留學生。那時，國門剛剛打開，出去唯恐不及，哪裡有人願做「海歸」？這回雖然無功而返，卻是國內企業向海外聘請人才的「東風第一枝」。

袁庚清楚，蘇聯戰後把老幹部送進大學深造，所以蘇聯的經濟與技術在世界上有一席之地。國內，在 1956 年提出「向現代科學進軍」之後，一些高等院校相繼開辦幹部培訓班。袁庚的思路是，委託交通部情報所長期舉辦幹部培訓班，一個學員一年由工業區交 600 元培訓費，將人才苗子塑成可用之材。1981 年 4 月 29 日，交通部情報所林鴻慈應袁庚邀請赴蛇口籌辦企業管理幹部培訓班。通過招聘考試，第一期培訓班 48 人，全是理工科的本科生，全是有實際工作經驗的青壯年。有些地方不放人，在 1981 年 10 月 20 日正式開學後，只好邊上課邊等待新學員報到，最遲一個學員調入的時間是在第二年 4 月間。開學典禮推遲到 1981 年 12 月 8 日舉行。這天，大病初癒的袁庚來了一場生猛的脫口

秀,「我對不起諸位了,我把大家騙來了!」他說,「你們到這裡來辦工業區,成不成功我沒有把握啊!」他聲明他的戶口還在北京,失敗了可以回北京。強調他們已經調過來了,戶口來了這裡,已經沒有退路了,唯一的希望是為中國的改革背水一戰,「殺出一條血路來」。

十年後的 1992 年,工業區第九期培訓班舉行開學典禮。39 名學員是從全國 14 個省市的 8077 名報名者中選拔出來的,錄取率僅為 0.48%。按照慣例,袁庚又來講話,他希望學員們「珍惜現在,展望未來」,「世界終究是你們的」。他說得不錯。十年來,九期培訓班人才濟濟,很多學員已經成為招商局企業管理幹部中的骨幹力量。第九期學員大都成為招商銀行、招商證券的支柱。

培訓班是在圓壇廟一間廢棄的軍營裡舉辦的。從第一期開學第一天起,袁庚就說「這裡是我們蛇口工業區的『黃埔軍校』,是催生現代化管理人才的加溫器」。

第一期企業管理幹部培訓班是工業區委託交通部情報所協助籌辦的。在中共廣東
省委組織部及有關部門的領導和支持下,通過公開招考、擇優錄取的辦法,招收了
48 名有一定的實際工作經驗和英語基礎的大專院校畢業生為學員(摘自 1982 年招
商局第四十期《簡報》)

1981 年 12 月 8 日，蛇口工業區企業管理幹部培訓班在圓壇廟（現蛇口鯨山別墅區）正式開班

1980 年代後期，袁庚（站立拿喇叭者）在培訓班作即興發言

逼老戰友帶頭讓賢

　　因工作關係，袁庚常常往返於香港中環與深圳蛇口兩地。他到蛇口，船一靠岸，早已守候在那裡的人立即迎了上來，一路上前呼後擁，就差鳴鑼開道、警車開路了。這種現象，他開初並不在意，甚至有些受用。後來一琢磨，就看出問題來了。

　　1982 年 12 月 8 日，在參加工業區第二期培訓班開學典禮之後，袁庚向交通部下來調查的老部長潘琪坦承工業區目前出現的混亂是管理問題，癥結出現在幹部身上。他說，老指揮的思想有些僵化，觀念太老，很難溝通。每次一離開蛇口，他的思路就得不到貫徹。當然，許智明老戰友是積極支持他的。他沒有說出的話是，4 個副總指揮都是部裡指派給他的老同志，有些幹部就是怕上級不怕群眾，無法領導改革。

　　1983 年 2 月 8 日，他明確地對他的「親信」表示，「蛇口的關鍵問題還是領導班子問題」。

　　翌日上午，在陪同胡耀邦一行登樓俯瞰工業區全景，視察赤灣後，他在向總書記的彙報中，談到他一到蛇口，下面的同志唯恐照顧不周。幹部是上級任命的，所以幹部不怕群眾不怕下級。他希望形成「群眾監督幹部，群眾有權選舉和罷免幹部」的嶄新局面。他設想，在條件完全成熟之前，先搞一個平均年齡為 45 歲左右的領導班子，全部是專家、高中文化程度的，來代替年紀大一點文化水平又比較低的同志。

袁庚把積在心裡很久的話向在座的中央、省、市領導説：「如果群眾有權選舉和監督幹部，我相信可以改變一下幹部的結構和作風。我們想做一個不算太小的改革，準備冒一點風險。」

　　「好！好嘛！」胡耀邦連連點頭。

　　「總書記説了『好』，我們就記錄在案，馬上打報告這樣做！」一直站着彙報的袁庚激動得拍巴掌。

　　胡耀邦也高興地站起來，談笑風生。

　　這段對話影響了蛇口的發展過程，推動了幹部體制改革。

　　袁庚迫不及待地行動起來了。第二天下午，他讓喬勝利出面召集十多個中層幹部開了個通氣會，告知胡耀邦批准了工業區可以採取直接的公開投票選拔幹部制度。兩天後，2 月 10 日下午，對新一屆管理委員會進行民主選舉。工業區副經理、工程師、黨支委以上級別的幹部，共計 130 人參與投票。選舉會上，袁庚強調，蛇口工業區建區三周年，原有的建設指揮部和臨時黨委難以繼續承擔領導一個創新的社會系統工程的複雜任務。根據國外出口加工區的經驗，需要建立一個事權集中的管理委員會。他問大家：「我們是沿襲過去最省事的辦法，由組織部門和主管部門提出名單經上一級黨委批准呢，還是相信大多數的幹部和群眾，由他們用無記名、直接投票民主選舉出來呢？」在一陣議論聲中，袁庚説：「只有唯才是舉，唯才是用，把那些有堅強事業心和高度責任感，作風正派，不謀私利，懂技術，會管理，有組織能力，敢於改革，能打開局面的人，不斷地提拔到領導崗位上來，蛇口才會呈現一派生機……」

　　接下來的「節目」是每人發一張白紙，沒有候選人，無記名海選，請 130 人推薦自己心目中的幹部。

這是全國首例民意測驗，是一次有組織的民主選舉，是民主進程中一次勇敢的嘗試。

在這次民意測驗中，巧合的是，票數最多的前七名，與招商局黨組織事先考察、預定的人選高度一致。4 位老指揮的得票都沒有進入前七。

1983 年 3 月 1 日下午，在蛇口工業區新開張的第一家咖啡廳，袁庚請許智明飲下午茶。他說工業區的風氣要好，老幹部首先要帶頭。蛇口要興旺發達，要靠有知識有文化的年輕幹部。幹部體制改革迫在眉睫。「肥佬，我知道這樣好委屈你，但是，工業區的指揮中，你的年齡最大……如果你……」

「老袁，你不是在開玩笑吧？」許智明突然意識到袁庚希望他帶頭讓賢，退居二線。

「我不是開玩笑，我幾乎花費了半年時間來思考和研究。」

許患有冠心病、糖尿病。這個生於香港、長於香港，早年參加東縱，熟知廣東、香港，說一口標準而流利的普通話、廣東話和客家話，又有長期從事外貿、外事工作經驗的老同志，有極強的組織能力。他從 1979 年 5 月起，在荒山野地裡為創建蛇口工業區吃盡千辛萬苦，從不計較個人得失，即便長期得不到信任，依然兢兢業業，在工業區有很高的威信。有一種傳說，他在 130 人的民主測評中，得票數位列前七，只是因為「全局需要」，他被拿掉了。

在 4 個副總指揮中，許智明的資歷、聲望最高，但年齡也最大。這一年，他剛剛 60 歲，比袁庚小 6 歲，卻比其他 3 個副總大三四歲的樣子。他要戀棧，其他指揮亦有理由霸住位子為革命幹到地老天荒。

「肥佬，我知道，這樣對你不公平，但是……」袁庚清楚地記得，4 年前，招商局沒有哪個幹部願意離開香港到蛇口創業。幾個願來的人，

袁庚和工程副總指揮許智明在海上考察蛇口。1983
年，袁庚力勸許智明退位為年輕人讓道，為了共同的
事業擔當，許智明欣然應允，改做蛇口工業區顧問

不是「騙」來的，就是礙於他的面子不得不來的。張振聲不幹了，他一個老頭子自己挑起拓荒的重擔。多虧比他還年輕些的許智明這幫人伸出肩膀，共同肩負重輒前行，才幹出中央肯定的成績。在這些幫手中，許智明最給力，也是最得力的副手。現在，他需要班子年輕化，不得不把老戰友拉下馬。他想讓許智明帶個頭，其他 3 人也就沒有理由拒絕讓賢。

「我們都老了，必須讓能闖能幹的年輕人站到前台來。我也是能帶就帶他們幾年，我的時間也已經不多了⋯⋯」

最終，許智明表態了。他說：「從我個人的主觀願望來說，我真的不願意退，但是，為了蛇口，為了你和我共同的事業，我，我⋯⋯」

許智明願意交出手裡的「權杖」，袁庚再去找其餘 3 人談退的問題，阻力就很小了。他們都答應退居二線，也有個別人到北京告狀。袁庚知道後，只說了 4 個字：「可以理解。」許智明等 4 人不擔任副總，但是待遇、工資不變，原在直屬企業擔任董事長的依舊不動，許智明等 3 人擔任工業區顧問。

十四年以後，又是人間三月天，1997 年 3 月，許智明病逝，享年74 歲。

袁庚特意前往太平間探視老戰友的遺體遺容。是晚夜不能寐，鋪紙磨墨，把所有的情感凝集筆端，撰寫輓聯送老戰友魂歸天國：

彈雨槍林轉戰東江留得崢嶸歲月
披荊斬棘譜寫南山無負璀璨年華

「長江後浪推前浪」，當袁庚在權力角逐中，以年長勸年輕、「以官大壓官小」，終於獲勝後，在與許智明飲茶談心的 9 天後，招商局董事

蛇口的幾個老指揮

就職典禮上，袁庚暢談理想

會辦公室向上呈送了一份《關於調整蛇口工業區領導班子的報告》。3月21日交通部批覆下來，袁庚4月4日上午召開經理、經理助理以上的幹部會，宣佈正式改「建設指揮部」為「管理委員會」，同時宣佈新黨委、管委會領導班子的組成。這屆新班子成員具有大學本科以上文化程度的由原來的20%上升為55%，平均年齡46.2歲，比原來下降12.5歲。黨委會、管委會主要正副職由5人減為4人。

當兵出身的喬勝利年僅36歲，擔任黨委副書記。當有人嘀咕他缺文憑的時候，袁庚説他很重用有文憑的才子，不然就不會三番五次跑北大、走清華。他請大家注意：「這次投票，大多數有文憑的才子看中誰？就是看中他。有文憑的看中沒有文憑的，這裡面的道理不值得好好反思嗎？」

根據安排，喬勝利在新班子就職典禮上代表工業區黨委、管委會做工作報告。袁庚希望他做一次漂亮的脱口秀，喬承認自己不是那塊料。

袁庚説有一個美國小伙子，有嚴重的口吃。他對着鏡子練習講話，逼迫自己不停地講，直到鏡子被唾沫星子糊住，看不清自己的臉為止。後來，他當上了美國總統。

蛇口工業區黨委、管委會就職典禮是在4月24日星期天舉行的。喬勝利不脱稿念完工作報告，袁庚隨後在講話中説他就想在蛇口搞一個民主選舉的試點。近一個月來，他逢會就講，新班子地位發生了變化，誰違背群眾的意志，群眾就有權拋棄誰。袁庚認為，群眾如果無權監督並罷免不稱職的幹部，就談不上真正的民主；而沒有民主的政治生活，絕不會健康、和諧。他説：「工業區每一個職工、每一個團體都有權隨時向新班子成員提出質詢，新班子成員有義務隨時答覆群眾的質詢。」他希望新班子成員「不要辜負大家的選票」，和全體員工同心同德，艱苦

奮鬥，「把工業區建設成為具有社會主義的高度物質文明、高度精神文明、高度民主的新的桃花源」。

袁庚期望「在黨的領導下實行更廣泛的民主選舉和監督」(招商局1983年3月9日致交通部報告)。管委會上任不久，立即對直屬各室、公司進行大刀闊斧的改革，變委任制為聘任制，嘗試進行幹部體制改革。

聘用前，採用民主推薦、民意測驗，下聘書時履行簽約形式，任期一年。無論是管委會還是直屬各室、各公司幹部，任期內進行定期或不定期的民意測驗。1985年4月，在第一屆新班子中，虞德海是黨委委員，袁庚力挺他進入新一屆領導班子。在1985年民主測評上，沒有人向他提出質詢。在選民看來，他是清正廉潔的。1985年的民主選舉，他再次當選。1986年任蛇口工業區黨委副書記。袁庚推薦他到深圳市委去任職，不久便任市委常委兼組織部部長。1990年，他到南山區獨當一面，成為一方「諸侯」，事情就起了變化。虞德海「利用職務之便」犯罪，據深圳市檢察院起訴書稱，是「在1990年10月至1997年12月擔任深圳市南山區委書記期間」。深圳市中級人民法院以受賄罪和巨額財產來源不明罪，判處虞無期徒刑，剝奪政治權利終身。

對一棵好苗子的最後墮落，袁庚説：「在監督、制衡機制缺失的體制內，虞德海人稱『南山虎』，想不腐敗都難。」

「時間就是金錢，效率就是生命」

　　1980 年 3 月間，在從香港橫過深圳灣到蛇口的招商局海燕 8 號船上，袁庚草擬了「時間就是金錢，效率就是生命，顧客就是皇帝，安全就是法律」四句口號，想搞點精神文明的東西，起一點凝聚力和號召力的作用。他趕到指揮部開會，原本議題是與日本合作問題，他先拿出口號請大家幫助把關、修訂，爾後再轉入議題。會後他叮囑許智明落實口號上牆事宜。

　　一星期後，一塊三合板用紅漆寫上「時間就是金錢，效率就是生命」兩句話，豎立在指揮部幾棟樓房前。兩三天後，三合板被當地農民拆掉當柴火燒了。

　　過了大半年，袁庚在圓壇廟培訓中心講課，再次談及這四句口號，講述觀念層面的東西。11 月底，在蛇口最熱鬧的商業街，豎起一塊一人多高的標語牌：「時間就是金錢，效率就是生命！事事有人管，人人有事管！」引起蛇口人的關注。

　　1981 年 3 月 28 日，谷牧一行視察蛇口，乘車看到了「時間就是金錢，效率就是生命」標語牌，邊看邊念。袁庚說：「寫標語時，我就準備戴帽子了，有人說這是資本主義的口號。」谷牧甚麼也不說，笑了笑。此時，一場政治上的「倒春寒」撲面而來，曠日持久的「舊租界風波」尚未平息。在中央書記處會議上，谷牧堅決不同意上海某報發的《舊中國

「時間就是金錢，效率就是生命」的標語牌

年輕人在標語牌前合影

租界的由來》作為中央文件的附件。一個月後,他再次視察蛇口,以行動支持經濟特區。谷牧走後,袁庚再三思慮,在嚴峻的形勢下,為了不牽涉谷牧,私下讓人將這塊牌子悄悄拆掉了。

又過了一年多,1983 年 8 月間,工業區宣傳處副處長周為民請示管委會副主任王今貴可否重做標語牌,王今貴説:「我覺得這個口號沒有甚麼錯吧?」不到一個星期,又見宣傳處製作的大型巨幅標語牌「時間就是金錢,效率就是生命」矗立在港務公司門前,激勵着蛇口人搶時間,爭效率。

「攻克」赤灣既是在權力博弈中突破重圍的產物,也是時間與效率雙飛的碩果。

南海,「第二個波斯灣」,是世界油氣資源富集地區之一。早在 1978 年 7 月,日本就與越南協議合作開發南海石油。在資本市場嗅覺靈敏的香港,於 1980 年 2 月間,在香港召開「香港與華南能源開發之關係」的有 15 個國家和地區專家參加的國際研討會,研討如何利用香港成為中國南海石油開發的後勤基地。直到 5 個月後,1980 年 7 月,我國石油部才在規劃報告中提出進行南海石油開發。香港的研討會,原本內地沒有派出代表,袁庚當即派梁憲等三人出席會議,及時讓梁憲將會議內容編入招商局《情況反映》向上呈送。對於石油、後勤基地,石油部大佬們的第一選擇是新加坡,其後依次為香港、三亞、湛江。這時,交通部水運規劃設計院院長王大勇會同計委交通局局長張振和,首次提出利用蛇口工業區設施作為南海石油開發後勤基地之一的建議,石油部認為可以考慮。王大勇兩年前作為「技術小組」成員進入香港招商局,秘密調查袁庚,被袁庚的人格與老而彌堅的鬥志所折服,反而助他一臂之力。11 月 10 日,石油部副部長秦文彩經香港,參加由港澳工委主持的

袁庚（前排左一）在蛇口的開工典禮現場，中間者為許智明

蛇口作為南海油田後勤基地可能性的討論會，會上意見不一。袁庚反覆
表態，他的觀點獲得東江縱隊老戰友，時任新華社香港分社副社長葉鋒
的贊同。會後，袁庚用急件報交通部，建議邀請石油部實地考察蛇口。
1981 年 3 月中旬，交通部撥款 18 萬元，委派孫紹先在蛇口西側的赤灣
開展前期工作，為蛇口工業區作為石油後勤基地創造條件。

　　1981 年 3 月，袁庚第二次深入赤灣考察，孫紹先、許智明陪同。
孫紹先認為赤灣左邊做石油基地，右邊建深水港，即可保持蛇口海岸線
的完整性，運送的石油靠港就有收入，可以以港養港。7 月 4 日上午，
袁庚帶着許智明找到孫紹先，詢問建港費用。孫紹先建議，為了解決徵
地問題，給深圳市一些股份，把石油部也拉過來共同開發。真是好主

意！袁庚請孫許兩人第二天進京，把三方合作的新思路向兩個部彙報。第二天下午 4 時，他們先到交通部後到石油部向有關領導彙報，秦文彩答應一定派工作組去蛇口。兩人第三天回到蛇口，第一時間向袁庚彙報。

1981 年 9 月 7 日晚上，袁庚拜訪了深圳市委第一書記、市長梁湘。就在一個月前，任仲夷告訴袁庚，省委擬任命他為廣東省副省長、深圳市市長，任命即將由中組部下達廣東省委。面對婉拒的袁庚，任仲夷認為深圳的地盤更大，可以在新崗位實現理想。要是不同意，讓他自己找宋部長去説。他「跑步」進京，當面向宋任窮部長請辭市長之職。宋部長終於同意了，他又去廣州向任仲夷請辭。赤灣是深圳市的地盤，他拜訪市長，是向地方官提出共同開發赤灣的意向，得到梁湘的大力支持。這個時候，他後悔了，不是為辭去升遷的機會，是後悔他在 1979 年初，真應該把李先念劃給他的整個南頭半島一口吃下來。

一個月後，袁庚主持召開赤灣開發公司第二次籌備會議，確定籌備小組顧問是許智明，組長是孫紹先，並派他們立即進京向部裡彙報。

1982 年 1 月 7 日，四方盛會，石油部、廣東省委、深圳市委、招商局共商股份合作，形成了《關於建設赤灣港為南海石油勘探開發服務專題座談會紀要》。紀要由孫紹先、唐振華起草，袁庚修改，四方討論定稿。1 月 11 日，以《紀要》為附件，廣東省省長劉田夫、石油部副部長張文彬、深圳市市長梁湘、招商局常務副董事長袁庚四人聯名向國務院呈報《關於建設赤灣港的報告》，很快獲得批准。經歷了一年半的主動爭取，四方遊説，赤灣深水港的建設走上正軌。

6 月 14 日，「中國南山開發股份有限公司」成立，這是中國境內第一家由國有企業控股，境內外多種成分企業參與的股份制企業。5 年後，1986 年年底，中國國有大中型企業才開始「股份制試點」。南山公

1982 年 9 月 22 日，袁庚（左）在中國國際海運集裝箱（集團）股份有限公司投產典禮上講話

司負責全權開發、經營赤灣港。袁庚被公推為董事長兼總經理，孫紹先任總工程師室主任。袁庚將深圳建市後第一任市委書記的秘書黃小抗「挖」到南山公司擔任總經理辦公室主任，後為總經理，挑起業務重擔。

　　當時有一種說法，中央領導只要到廣東就一定會來深圳，來深圳就一定會來蛇口，來蛇口就一定會來赤灣。中央領導同志視察蛇口工業區與赤灣時，對隨行的中央各部委、廣東省和深圳市的領導打招呼：南山開發公司的事情按袁庚的思路辦，你們都不要插手干預。

　　1982 年 11 月初，赤灣港第一個萬噸級泊位開錘打樁。半年後，1983 年 6 月 14 日，赤灣舉行開港典禮。在鞭炮和汽笛聲中，1.6 萬噸巨輪裝載着中國國際海運集裝箱（集團）股份有限公司（後簡稱中集集

當年的明華輪

團）生產的 50 個集裝箱，從赤灣運往美國。袁庚在該年 6 月間，出任中
集集團首任董事長。

　　最初，袁庚希望蛇口成為以工業為主的類似於英國阿伯丁
（Aberdeen）的海港城區。後來才考慮到最終還是要淡化工業回歸生活，
使蛇口成為最宜於人類居住的地方。在他領導下，蛇口招商最初重點是
工業項目，爾後也開始涉足其他項目。

　　在他「唆使」下，1982 年 6 月 28 日，香港小商人馬燦洪與陳惠娟
夫婦在蛇口投資開設的內地第一家深港合資經營出口商品並收取港幣
的「購物中心」，隆重開業。原先擔心一天只賣一瓶汽水，不料開張才 5
天，就全部收回 50 萬港幣的投資，第一年利潤近千萬元港幣。

自 1982 年伊始，每天進出蛇口的人數逾萬。蛇口工業區缺少床位，沒有酒吧，沒有娛樂場所。袁庚請許智明等人獻計獻策，梁鴻坤想到如果買條舊郵輪，過來有玩有住，又快又省。袁庚記得在印尼接僑時，有一條叫光華輪的郵輪，現在光華輪已經完全廢棄了，只剩下一條姐妹船明華輪。那麼，能否把報廢的明華輪買過來呢？

經過近兩個月的艱苦談判，在談妥價格與合資比例以後，8 月初，用了 20 天時間將明華輪從廣州白鵝潭拖至珠江口。一場強颱風過後，11 月 23 日，明華輪趁着海潮正式坐灘蛇口六灣。

蛇口管委會將明華輪更名「海上世界」。管委會副主任王今貴為董事長。11 月，工業區招聘引進的第一個幹部王潮梁為總經理。經理部着手對明華輪進行大面積維修、整修、裝修。12 月 7 日，在白天的管委會上，袁庚批評了負責工程的孫紹先，晚上在市裡開完會後，10 點 20 分，他指揮小車衝到海上世界旁邊，打着手電筒問誰是總經理。當王潮梁告訴他準備 1984 年 2 月 5 日春節開業的時候，他吼叫起來：「我跟你沒有共同語言！」扭頭就走。

他着急，他生氣。因為郵輪坐灘蛇口，每日的費用高達 3000 元人民幣！

回到蛇口的家，深夜寒氣重，袁庚在王潮梁遞交的經營方案上，在天頭地腳空白邊寫滿密密麻麻的千字批語。

他對「明華輪坐灘至今已半個月了，一直抓得不緊，沒有緊迫感，現場冷冷清清，船上、地上工程進度慢」非常不滿。他批評「經理部門的思想總想求全，甚麼都搞好了再開張」，認為「不要等甚麼都具備才開始營業，早點開業，可以逐步改善，逐步練兵」。他建議給予經理部門年輕人「更大的自主權，以便於激發他們群策群力的創新和負責精神。

讓這些青年人去闖出一條新路子吧。對於他們一些面對困難束手無策或克服困難的決心與勇氣不夠，則要加以鼓勵、批評」。

1983 年 12 月 20 日，「海上世界」局部開張。

「海上世界」為中國第一艘由郵輪改裝的海上酒店和娛樂中心，係深圳第一個旅遊景點。1984 年直到 20 世紀 90 年代，民間說：「不到『海上世界』，不算到了深圳。」

在得知小平同志視察蛇口工業區的頭一天，袁庚在香港忙到下午 4 時才趕回蛇口，檢查原先佈置的各項接待工作的落實情況，向相關人員做了些交代，然後佈置一項特殊任務：交代顧問許智明與工業區辦公室副主任余為平通知工程公司連夜加班，在深圳市區拐進蛇口的必經之路上埋水泥柱子，把「時間就是金錢，效率就是生命」做成大幅標語牌掛上去。袁庚說：「我要讓首長路過時看到這個標語牌。」

管委會成員猜他哪根神經搭錯了線，是不是真瘋了？一條有爭議性的口號藏都來不及，你還亮出去？許智明希望他還是慎重一點，風險太大，萬一……袁庚打斷他的話：「沒有萬一，有萬一也要幹。」

第二天一早，標語牌矗立在進入蛇口的路口。

1984 年 1 月 26 日上午，時任中共中央政治局常委、中央顧問委員會主任鄧小平同志一行視察蛇口工業區。在工業區辦公大樓門前，袁庚發表了極其簡短的歡迎辭，隨即提出請求首長與全體接待人員合影留念，小平微笑着答應了。趁着大家排隊的時候，袁庚有意安排劉清林、郭日鳳、許智明三位退下來的老將向前與小平握手問候，讓攝影師為他們分別拍照，三個老同志那一瞬間凝固成他們各自人生相冊裡的永恆。

在工業區辦公大樓 7 樓會議室，袁庚向鄧小平等領導同志彙報 4 年

鄧小平給「海上世界」的題字

1980 年代施工中的蛇口南海酒店

來蛇口工業區所取得的成績，並適時地向鄧小平介紹年輕的黨委副書記喬勝利。

小平笑了，興致很高：「怎麼，去看一看吧？」

袁庚大膽地請示：「小平同志，請再給我 5 分鐘。」

小平點點頭：「沒關係，等會兒再看。」

袁庚一講就是 20 分鐘。最後，拋棄一切顧忌說：「小平同志，我們提出了一個口號，叫作：時間就是金錢，效率就是生命。不知這提法對不對？」

在全場的百多人突然屏住呼吸，寂靜無聲中，小平同志的小女兒毛毛說：「哦，我們進來的路上看到了，是塊標語牌上寫的。」

小平充分肯定道：「對！」

袁庚終於舒了口氣，感到欣慰。

鄧小平一行在視察中外合作的華益鋁廠、登上微波山俯瞰工業區全景之後，10 點 30 分，被袁庚請上了尚未全面開業的「海上世界」做客。

在 C 甲板咖啡廳，袁庚挨着小平坐在沙發上繼續口頭彙報，小平很少說話，很有興致地聽。

小平心情很好，想登高看看，在鄧榕陪同下，健步登上頂層甲板，在船尾眺望隔海相望的香港。

這天是小年，鄧小平、楊尚昆、王震和他們的夫人及劉田夫、梁靈光、梁湘等省、市領導，在龍鳳餐廳與郵輪員工一起過小年。小平很高興，喝了 3 杯茅台酒。主賓席旁邊有張寫字台，袁庚早已叫人備好了文房四寶。王潮梁在請示袁庚後，讓副手趙豔華請小平題詞。

小平立即起身，走到寫字台前，拿起毛筆問：「寫甚麼？」

王潮梁脫口而出：「海上世界！」

小平凝神運氣，書寫了「海上世界」4 個大字，博得滿堂的掌聲。

　　下午 2 點 30 分，小平等人乘坐深圳市委的中巴車離開蛇口，聞訊趕來的群眾擁到船邊，希望一睹老人家的風采。袁庚坐在小平身邊，中南海警衛局一位局長命令司機快開車。袁庚就火了，老百姓想見見鄧大人，有甚麼危險？開快車才危險。他大聲對小平說：小平同志，外面的群眾很想見一見你鄧大人，而這位局長要開快車衝過去，我看是不是請梁湘同志調解一下，解決這個問題？鄧榕在旁邊說：袁庚真滑頭。滿車人大笑。梁湘便讓司機慢慢開。群眾熱烈鼓掌，目送小平乘車緩緩離開。

　　小平同志離開蛇口幾天後，在向蛇口工業區幹部傳達小平視察情況的會議上，袁庚坦率地說：「就像我們在大海上漂浮了很久，突然抓住了救命稻草，小平的到來對我們意義重大。」

　　1984 年 2 月 24 日上午，鄧小平返回北京不久，召集胡耀邦、趙紫陽、萬里、楊尚昆、姚依林、胡啟立和宋平開會。談到南方視察情況時，他說：這次我到深圳一看，給我的印象是一片興旺發達。深圳的建設速度相當快；蓋房子幾天就是一層，一幢大樓沒有多少天就蓋起來了。那裡的施工隊伍還是內地去的，效率高的一個原因是搞了承包制，賞罰分明。深圳的蛇口工業區更快，原因是給了他們一點權力，500 萬美元以下的開支可以自己做主。他們的口號是「時間就是金錢，效率就是生命」。他強調：除現在特區以外，可以考慮多開放幾個點，增加幾個港口城市，如大連、青島……這段講話，後來被編入《鄧小平文選》第三卷。

　　1984 年 4 月，在中央書記處擴大會議（又名沿海部分城市座談會）上，袁庚做重點發言。會後，王震對他說，總理說，你的每一句話都是尖銳的。國務委員余秋里說，你為共產黨人爭了一口氣。會後，中央決定開放 14 個沿海港口城市。6 月 4 日，「第一期沿海部分開放城市經濟

蛇口工業區製作的迎國慶彩車

1985 年建成的蛇口工業區培訓中心

座談會」在深圳市西麗湖度假村舉辦。分管開放城市與特區工作的時任中央書記處書記、國務委員谷牧在總結中突然說：「我今天正式宣佈：中央批准袁庚同志作為我的顧問。」袁庚大感意外，被谷牧點名站起來亮相。谷牧說：「對外開放這一條，我沒有他的知識多，所以非請他當顧問不可……」

1984 年 10 月 1 日，首都舉行盛大的中華人民共和國成立 35 周年閱兵儀式和群眾遊行。一輛船型彩車，載着「時間就是金錢，效率就是生命」標語牌，緩緩經過天安門廣場。日後，有媒體評述國慶遊行說，這個口號引起的反響，僅次於北大師生打出的口號「小平，您好！」

改革開放前期，習仲勳在廣東工作了 2 年 10 個月時間，為廣東的改革開放和社會發展事業作出了奠基性的貢獻。1987 年 2 月 16 日，在闊別 6 年後，習仲勳再次踏上南粵大地，這天，視察蛇口工業區。

習仲勳在蛇口參觀了由中外合資的太陽油廠投資在建的浮法玻璃廠和深圳中華自行車廠。太陽油廠規模大，技術先進，浮法玻璃廠工程進展順利；中華自行車廠能夠生產出上百種型號的自行車，產品暢銷歐美市場。習仲勳在這兩個廠仔細考察了機械設備和生產流程，對蛇口的變化讚歎不已。[1]

3 月 5 日，袁庚在招商大廈門口迎候再次視察蛇口的習仲勳。在九樓貴賓廳，他向習仲勳一一介紹了工業區的領導人：喬勝利、熊秉權、陳金星、車國保。

座談中，袁庚彙報了近年來工業區發展的情況和今後的打算。習仲

---

[1]《習仲勳傳》編委會編，《習仲勳傳（下卷）》，中央文獻出版社，2013 年版，第 617—618 頁。

勳問：「（工業區）面積現在有擴展嗎？」袁庚回答可供發展的土地不多了，以後準備學習香港的做法，向山上發展。山上空氣好，視野開闊。習仲勳說，這樣很好，但要注意保護自然環境，不能影響生態平衡。

隨後，袁庚等人陪同習仲勳參觀了三洋電機廠和餅乾廠。

三洋電機自頭年 9 月從勞動密集型轉向技術密集型項目，得到習仲勳讚許。

袁庚向習仲勳介紹三洋電機日方經理，習仲勳高興地與他握手，詢問中日雙方合作的情況。參觀過程中，習仲勳對日方經理說，中國人與日本民族一樣，都是勤勞、勇敢的，並希望他們與工業區加強合作，把企業辦得更好。他還在留言簿上簽名留念。

中午，袁庚等人陪同習仲勳在南海酒店用餐。習仲勳反覆強調，「四菜一湯很好」。①

習老這一年已 75 歲，依舊關心、支持蛇口工業區，讓袁庚等蛇口人深受感動。

---

① 《習仲勳同志再次視察蛇口工業區》，《招商局蛇口工業區文件資料彙編》（第八輯），1989 年 10 月，第 4—5 頁。

第五章

蛇口試管

十幾年來，袁庚與一批志同道合者，努力把蛇口打造成
他們心目中的桃花源。

歲月一天天爬上袁庚的臉，他的心卻像年輕人一樣甚麼都想試一試。1984年歲末，在蛇口工業區碧波中心劇場舉行的「當代香港經濟研討會」上，袁庚應邀講話。袁庚的「招牌菜」照例是說他的蛇口：「我們把這兩平方公里多一點的地方，作為一個實驗場所，看看甚麼叫中國特色的社會主義，看看此路通不通。如果不通，我們在實踐法庭面前只好承認我們沒有生存的權力，我們願意接受法庭的審判。」

　　十幾年來，袁庚與一批志同道合者，努力把蛇口打造成他們心目中的桃花源。袁庚是積極樂觀的理想主義者，敢冒風險，事必躬親，在蛇口工業區創造出很多個「全國第一」，影響並推動了中國改革開放。袁庚又是堅守底線的清醒主義者，人格獨立，自重自愛，掌握香港招商局與蛇口工業區即便有不少失察、失誤之處，但堅持原則，敬畏規矩，始終不被權力所腐化，最終平安着陸，安享晚年。

袁庚（左二）請來「玫瑰二劉」在蛇口種玫瑰

袁庚（站立者）向來蛇口的人們宣傳蛇口

袁庚説要批評袁庚

在蛇口辦一張小報的念頭，袁庚已經琢磨了兩三年。袁庚是個明白人，這些年沒有新聞媒體人的推動，蛇口工業區不過是「養在深閨」的「四不像」。蛇口需要有一個為本地改革鼓與呼的輿論陣地，同時也需要激濁揚清的批評、監督陣地。在蛇口辦報的重任，袁庚鎖定了韓耀根。

韓耀根，原上海《世界經濟導報》編委，曾在該報發表他採寫的《有膽識的企業家袁庚》，袁庚多次邀請他南下蛇口辦張小報。1984 年 4 月間，蛇口工業區黨辦秘書奉命寫信跟他商定調動事宜，他接到蛇口工業區黨辦秘書的信，信中透露鄧小平對「時間就是金錢，效率就是生命」的口號做出正面肯定。他在 1984 年 4 月 30 日的《世界經濟導報》頭版頭條搶先發表了這一全國「爆炸性」新聞。

1984 年最後一天，在蛇口工業區政治、文化生態史上，是有着特殊意義的一天。

1984 年 12 月 31 日，《蛇口通訊》試刊號正式出街。

韓耀根在蛇口碼頭的報攤邊，向路人分發四開小報。袁庚從香港趕過來開會，拿到報紙向韓耀根表示祝賀，並詢問反應怎麼樣。當聽説試刊號有一篇某經理的就職演説，職工覺得受不了，袁庚説：「這怎麼行？我們的報紙是特別要登批評領導的。」並交代韓耀根：「最好是登篇批評袁庚的，人家就搶着買了，深圳就搶着買了。」

是真的還是假的

　　韓大記者一時琢磨不透。其實袁庚從自身的經驗領悟到：不要讓屁股指揮腦袋。他出獄後騎自行車外出，時常被擦身飛馳的汽車嚇個半死，痛恨司機。當安排工作有車接送之後，又對挨着汽車亂走影響交通的自行車大為光火。一個人的這兩種狀態全是因為影響思想情緒的屁股所處的地位不同造成的。蛇口工業區創建之初，對招聘來的「黃埔軍校」學員，袁庚提醒他們，在畢業後進入大大小小的工作崗位，進入大大小小的權力圈子裡，權力對人往往有副作用，像抽鴉片煙越抽越上癮，失去監督的權力，必然導致腐化。袁庚說：「基督山伯爵報復仇人的方法還不夠厲害，最厲害的辦法是給他很大的權力而不去監督他，讓他自己爛掉。」

　　人是有弱點的，袁庚也是。他在自己提出爭議性口號被小平同志肯定之後，一時風光無限。媒體人注意到，他向中央領導彙報工作的時候，開始喜形於色，張揚個性，亂揮手臂，有人看不懂，有人説他會「死」得很慘。

　　1985 年 2 月 17 日，《蛇口通訊》編輯部收到一個電話：「我準備寫一篇批評袁庚的文章，你們敢登嗎？」「你敢寫我們就敢登。」兩天後即大年三十那天，韓耀根收到署名甄明佽的《該注重管理了 —— 向袁庚先生進一言》的文章。

　　2 月 21 日，大年初二夜裡 10 點鐘，袁庚在蛇口家裡接到韓耀根從

編輯部打來的電話，談有一篇批評他的稿子請他審核。袁庚聽說有批評他的稿子，果斷答覆道：「不要送審，編輯部有權發表。」終於有人敢寫文章批評他，這是需要勇氣和智慧的。他不知道批評他的具體內容，但可以肯定的是，有人發現並指出他所存在的問題，讓他及時糾正或改正，是他的幸運。他說：「有這樣的批評好，我們就是要在這塊地方締造一個讓大家暢所欲言的民主社會，否則要我們1000多名幹部幹甚麼？」次日初三，他與江波、許智明等領導去碼頭為內蒙古第一書記周惠送行，韓耀根對他說，按常規批評稿見報前需本人過目核實，稿子還是讓他看看為妥，他答應了。隨後他去拜見到訪的谷牧，晚上到幾個老同志家拜年。10時許歸家，保姆說報社領導送了一篇稿子過來，《該注重管理了——向袁庚先生進一言》，是那篇批評他的稿件，署名：甄明伲。

對於批評自己的稿件即將見報，袁庚已有思想準備，但當他看到批評他不重視管理還是有些驚訝。實事求是地說，袁庚非常重視管理，從他一開始就向清華、北大索要管理才俊，從培訓班僅有兩門課程一門管理一門英語即可看出。但是，重視並不等於有效，有心並不等於他具備「一個優秀企業家所必須具備的管理能力」。

看完批評稿，已是夜裡11點了。他估計韓大主編一定忐忑不安地等待他再次表態，還在辦公室等電話。電話打過去，小韓果然還在。袁庚說：「已經看過了，我認為可以一字不改，照發。」小韓還有些遲疑，袁庚又說技術性修改也不必了。

考慮到這樣一件大事，空口無憑，執行者會有顧慮，於是他在批評他的稿件上寫道：「這封信的內容寫得很好，基本符合事實，可以一字不改加以發表，別人有不同意見也可以刊登討論。」

他對來稿稱他為「袁庚先生」覺得有些疏離，以商榷的語氣說：「明

倪同志似是這裡的一位幹部，是否可徵得本人同意改為『同志』？這樣更親切。」他言猶未盡，重申「只是建議，不是審查。除非牽涉根本方針政策，本人又沒有把握的情況下，多徵求大家的意見總比編輯部少數人意見更全面」。

韓耀根又試探性地問道：「可否把刺激性的話改去一點？」

袁庚說不必了。

2月23日，大年初四上午，韓耀根到袁庚家拿稿子，又重複昨天的請示：「要不要把批評稿中過於尖銳的話刪掉幾句？」

袁庚笑着搖了搖頭：「不必刪了，我還提了一點意見，你回去看看。」

袁庚繼續說：「美國總統羅斯福都敢宣告『要有免除恐懼的自由』，難道我們共產黨人還不如資產階級有眼光、有氣度、有魄力？掌權的人呀，就是需要有一幫不怕權勢的老百姓去監督才行哪。」

袁庚指指砂糖橘請韓耀根嚐嚐，說這種橘子上海是沒有的，接着說：「報紙要放開手搞。今後見報稿子你可以自己決定，不要送審。除非你覺得需要大家討論一下，幫着你把把關。」

2月25日，韓耀根把頭版報眼連頭條的最突出的位置劃出來刊登批評袁庚的稿子，覺得「火藥」還不夠重，又根據袁庚所強調的「免除恐懼的自由」的意見，趕寫了一篇短評：

「恐懼」，告別吧！

讀了上面這封信，直感到一股清新的民主之風。

甄明倪敢於直率進言，一是為公二要有勇氣。無私無畏即自由。能作「自由談」者，一定是出於對袁庚同志的信任。

然則，甄明伲似像匿名。作者大概有難言之處，反映了某種程度上的「恐懼」心理。這說明工業區民主風氣的形成，尚需要一個過程。美國歷史上領袖人物曾說過：要有消除恐懼的自由。美國人尚且敢於把它刻在碑上，以勇於探索為崇高使命的蛇口工業區人，豈能再讓「恐懼」禁錮自己的頭腦。「恐懼」，告別吧！

　　這一篇開創同級報紙批評同級黨委先河的《該注重管理了——向袁庚同志進一言》，刊登在 1985 年 2 月 28 日《蛇口通訊》試刊第三期頭版的顯著位置。

袁庚同志：

　　首先向您本人和由您領導開拓的蛇口工業區的事業表示由衷的敬意！

　　我是一名仰慕您的威名而投奔蛇口的青年，來此已有兩年多了。這兩年間，蛇口在全國的聲譽與日俱增，在一些人的心目中越發光輝奪目了。然而，在我和一些生活在蛇口的青年人心目中，憂慮的陰影卻也在不斷地擴大。我希望能藉《蛇口通訊》的一角，向您直率地進言。

　　袁庚同志，您作為蛇口工業區的開創者，首先響應黨的十一屆三中全會提出的對外開放，對內搞活經濟的方針，打開了我國對外開放的門縫，確立了以工業為主，產品以外銷為主的建設工業區的方向，大膽地提出了「時間就是金錢，效率就是生命」的時代口號。這些都充分表明了您具有政治家的遠見卓識和雄偉膽略。但是，我覺得您還稱不上優秀的企業家，因為，蛇口工業區從 1981 年底基本完成「五通一平」基礎工程建設後，逐步進入了一個更加艱難的企業管理（或者說是社會管理）的階段，我們卻沒有明顯看到您表現出一個企業家所必須具備的管理能

1985年2月28日，《蛇口通訊》試刊第三期頭版

力。工業區的整體管理水平很不理想，您不能不負主要責任。

工業區的事業是在迅速擴大，但管理機構膨脹擴大得更迅速。人浮於事，機構臃腫的現象在直屬機關、公司越來越多地可以發現。過去一家拍板，可以馬上辦成的事，現在需要「過五關，斬六將」的艱苦了，一些剛到蛇口的同志最吃驚的，不是蛇口的高物價，而是蛇口的效率遠不像傳說的那樣高。

不少合資企業經營不佳，而這些企業的董事、董事長成為一種名譽職務。有些領導人兼任了十幾個董事、董事長，其結果必然是董事不「懂事」，董事會形同虛設，合資企業的管理長期得不到改善。

不少合資廠的工作效率不如獨資廠，而不少直屬公司的工作效率又

不如合資公司，但是，報酬待遇卻是獨資企業不如合資和直屬企業，形成了不合理的分配局面。據說前一時期三洋公司有不少工人退職。雖有一些其他因素，但不合理的分配恐怕是一條重要原因。

還有，工業區已發展成一個小社會，人口劇烈膨脹，各種社會問題接踵而來，可是對於如何有效地利用有限土地；如何使佔職工隊伍中絕大多數的青年人有豐富的業餘文化生活，解除他（她）的苦惱；如何解決青年男女比例失調可能造成的社會問題，如此等等，有些問題早已存在，但我們工業區卻長期沒有重視去制訂一個扎實的規劃。我們的規劃室據說還沒有學建設規劃專業的工程師。

再有，工業區各直屬公司名義上是獨立核算單位，其實是混在總會計室裡「吃大鍋飯」。工業區的清產核資直到去年下半年才基本完成。基本資產尚未核定，哪來真正的「獨立核算」？工業區至今沒有一個有效的統計部門，因此，也沒有一套經得起推敲的、有根據的統計數字。各公司的經營指標只能靠少數人拍腦袋制訂，一旦突破，馬上調整指標，進行加碼，把各公司獎金拉到一個水平線上。這種考核制度不能說是先進的。

例子還可以舉一些。總之，我們總有一個感覺，工業區在全國對外開放、體制改革方面確實是走在前面的，然而在管理上卻是落在後面的。

效率就是生命，效率來自管理。工業區管理倘若長期落伍，就會喪失生命力。

袁庚同志：請您學習一下管理、注重一下管理好嗎？

甄明伲
1985 年 2 月

在春節過後第一天的上班日，也就是蛇口直屬公司以上全體幹部參加的迎新團拜會上，袁庚將即將出爐的《蛇口通訊》要刊登批評他文章的消息公之於眾。袁庚相信，真正的民主應該是把權力交給老百姓，讓老百姓有知情權與監督權。在蛇口，不僅要敢於進行經濟體制改革，也要敢於進行與之相應的政治體制改革，努力實現鄧小平1980年就提出過的關於政治體制改革的設想。袁庚設想在蛇口這塊彈丸之地打造一個充滿自由度的政治生態環境，目的是鼓勵蛇口人敢於拿起輿論利器，幫助蛇口幹部掌握好公權力。這是政改的諸多突破口之一。在會上，他強調說：「在蛇口當幹部，就是要為這個地區的公民和外商投資者服務。你服務得好不好，不是由你說了算，而是由蛇口全體公民和外商投票說了算。這樣，這裡的幹部，包括我在內，就不能不接受全體蛇口人的監督。我們成立了各種社會團體，這是一種壓力公器，是一隻監督我們的『眼睛』；現在我們辦起了報紙，這又是另一種壓力公器，於是我們又多了一隻監督『眼睛』。現在有兩隻『眼睛』盯住我們了，目的無非就是叫我們用權小心，不要『心血來潮』、忘乎所以，真的要『如履薄冰，如臨深淵，小心翼翼』才行。因為，我們手中的權就是全體蛇口公民託付給我們的。」

最後，袁庚在會上再次宣佈：「在蛇口辦報，除了不能反對共產黨，不能搞人身攻擊之外，凡批評工業區領導的文章，都可以不用審稿。希望在座的幹部，都能看看馬上出版的《蛇口通訊》。」

此刻，老共產黨人袁庚用了三大前提來強調、約束他所說的「不用審稿論」。其一，不許反對共產黨；其二，不能搞人身攻擊；其三，批評範圍界定在蛇口工業區內。

雖然與會幹部都明白袁庚正在努力拓展一個令人難忘的局面，但

是，他的講話並沒有消除所有人的疑慮，無論他講得如何誠懇，一次講話並不足以讓聽眾相信蛇口人從此便有了「免於恐懼」的自由。

會後，袁庚找來主持黨務工作的喬勝利，商討黨委應該如何支持報紙開展批評與監督。

在蛇口工業區，袁庚是黨政一把手，在這個政企合一、黨政不分的小社會裡擁有絕對的權力。當時，有人叫他「袁總督」，更有甚者，還有喊他「袁大頭」的。袁大頭者，民國初年權傾一時的袁世凱也。

在報刊上指名道姓地批評領導，迅速取得了雙贏的局面。

香港招商局董事副總經理江波在工業區培訓中心的講台上，對新學員說：「我們工業區在一片讚揚聲中確有不少問題，讀了第三期《蛇口通訊》後，感到吹來一陣清新之風。甄明倜同志建議學習管理，這不僅對袁庚同志，也是對我們這些處在領導崗位的每一個幹部講的。問題提得好！」

一個內地記者在採訪工業區管委會副主任王今貴時，不無擔憂地提出批評袁庚的信最好登內部簡報，公開報道怕影響不好。王今貴說：「我們以前的觀念不對，好像一公開批評誰，誰就得下台。依我看，在蛇口這類批評多了，大家也就慢慢習慣了。」

是的，多年來，我們的一些幹部只能吹不能批，袁庚就想拿自己開刀，把對幹部的批評監督從「異數」變為常態。公開批評領導的做法，立即引起蛇口人民的讚賞。

蛇口通訊公司經理李桂認為，幹部有問題，就得讓人批評。《該注重管理了 —— 向袁庚同志進一言》(以下簡稱《進一言》) 開了個好頭。

對這個問題看得相當透徹的是培訓中心圖書館館長顧承原與集裝箱廠職工周遠大。顧承原說：《進一言》為全國輿論界之首創，這表明在

蛇口除了政府和企業之外，又形成了第三方勢力——民意。報紙一旦給群眾發表意見的機會，打小報告和傳小道消息的人將會大大減少。周遠大在《蛇口之希望——讀〈進一言〉有感》中，稱甄明佴的出現是「民主的新曙光」。

在批評中獲益最多的還是袁庚本人。

三洋廠女工趙豔萍向《蛇口通訊》投寄《特區需要管理——與袁庚同志商榷》的批評稿。看看，一個來自內蒙古的小丫頭要與「袁大人」「商榷」、對話、互動了！

袁庚曾對黃宗英講過一個小青年指着鼻子批評他的故事。

他説：「有一回，工業區開全體職工大會，我發言，自以為思想夠解放的了。講完話，掌聲也挺熱烈。散會時，一個小青年從人群裡擠過來，對我説：『袁總，從你今天的講話，説明你已經從自己的頂峰上往下坡落了。你的思想如果不更新，那就不僅是停滯，而且要成為工業區前進的障礙。你該考慮讓位了。』你聽聽，你聽聽，這個青年多可愛，多可愛！我的老戰友，我的親生兒子，也不敢這麼跟我説話啊！中國有這樣的青年，中國大有希望！我們有多少悲劇，不就是因為某些領導人聽不見批評意見，哪怕是半點不同意見嗎？」

袁庚始終認為，新聞監督是人類文明的產物，現在的輿論監督還未得到充分發揮。他堅信，輿論監督是監督和制約權力的銳利武器，威力不小，不少人「不怕上告只怕見報」。

《進一言》在刊出 20 多天後，掀起了巨大的「新聞衝擊波」。

3 月 21 日，《羊城晚報》頭版頭條轉載了《進一言》全文，並配發評論，題為《從袁庚説到其他》。一天後，中國最具權威的紙質媒體《人民日報》於四版頭條進行轉載，題目是《蛇口工業區管委會主任袁庚發揚

1985 年 3 月 22 日，《人民日報》發表評論文章

民主——支持報紙指名道姓批評自己》。

　　同時，《光明日報》也在頭版顯著位置以《蛇口新事：袁庚聞過則喜》為題報道。新華社、中國新聞社同時將上述信息向外播發，中央人民廣播電台口播了這條新聞。兩日後，香港《大公報》《文匯報》《信報》等相繼刊登蛇口「袁庚納諫」的新聞。

　　《蛇口通訊》因點名批評同級黨委書記之舉而震驚全國新聞界，它表達了蛇口群眾「要按照憲法造成一種充分能夠表達人民意志的社會」的信念，被讚為「這是一個創舉」，這是民主的新曙光，是蛇口的新希望。一年後的 1986 年 6 月，1985 年度全國好新聞評比揭曉。《進一言》榮膺四個特別獎之列。一張未公開發行的內部小報上的文章，榮獲了年度全國好新聞特等大獎，在中國新聞史上，書寫了前無古人的絕唱。

「風月片」、《龍虎豹》、唐太宗

年輕人在他鄉播種愛情，也有一些人給年輕的工業區播下麻煩。

袁庚接到好幾份彙報：三洋廠女工非婚懷孕呈上升趨勢，某某企業女性在醫院做人流的日漸增多⋯⋯

正當政工幹部、婦聯幹部期待袁庚會以嚴厲手段整肅社會風氣，加強思想、道德教育的時候，他召集喬勝利等領導研究的只是如何加強對女工進行生理衛生的普及教育，如何引導女工增強自我防護能力。

袁庚對女工懷孕的態度和做法，有人會說他有人情味，有人更會斥之為沒有原則。消息傳到廣州，一批老幹部再一次憂心忡忡：改革開放導致資產階級思想和作風氾濫成災，賣淫嫖娼如此明目張膽，袁庚如此軟弱，蛇口很快就要爛掉了啊！

1985 年 8 月 20 日上午，蛇口培訓中心教務長韓邦凱從香港返回蛇口，違反規定私帶黃色刊物《龍虎豹》入境，被海關查獲，引起輿論一片譁然。

袁庚在香港聽完喬勝利的電話彙報，不由得火冒三丈：太不像話了！

這還了得！韓邦凱不是女工，是受黨多年教育的幹部，是朱光潛大師的關門弟子，竟然如此傷風敗俗，不嚴肅處理何以淨化社會環境！

3 天後，8 月 23 日晚，在育才中學階梯教室召開的專題幹部大會上，紀檢會對工業區發生的 5 起違法亂紀事件作了情況介紹並宣讀了有關意見，還點了個別人的名字。當然，培訓中心教務長韓邦凱違反海關規定私帶成人刊物入境被查獲的「龍虎豹事件」也名列其中。

袁庚憋了一肚子的火，面色鐵青地發表了一通演講。講到「龍虎豹事件」時，憋了好久的火終於噴發出來：

「香港這個資本主義社會，三教九流都有，藏龍臥虎之所。不是有個雜誌叫《龍虎豹》嗎？在香港確實有。但我未想到，在我們這個方圓幾公里的小小地方，居然也出現個別同志欣賞《龍虎豹》，這種事確實令人痛心。表面上這個人很正經，很正派也很文雅，文質彬彬，但是，他帶了本書，帶的是一本海關禁止入境的黃色書籍。他，其實就是一個道貌岸然、男盜女娼之人。個別同志所出現的問題不僅僅是他個人的問題，而且使得海關對我們從香港回來的同志的行李嚴加檢查，我擁護海關的做法。任何一個同志，他做了損害集體利益的事情，你不能在旁不管，認為這個與你無關，如果這樣想就錯了。」

「我們，主要是我本人過去亦喜歡説些好的情況，這叫報喜，每當中央首長來時，我們就拍着胸脯説，蛇口工業區 6 年以來，從來沒有出現過惡性的刑事案件。」一絲嘲諷的笑掛在袁庚嘴角，那是自嘲的笑，「所謂惡性刑事案件是指殺人、放火、放毒、搶劫、強姦。是的，蛇口沒有發生，這是我們唯一可以對外講的。至於其他呢？不一樣藏污納垢。今天上午黨委會討論家醜要不要外揚，我做了妥協，同意大家的意見，先在這個會議的範圍內説一下，如何處理聽聽大家的意見。」

演講接近尾聲時，袁庚努力克制了自己的情緒，用盡量平和的語氣説：「並不因為出現了幾件事，就説我們的幹部是一塌糊塗。當然有些

同志要通過這幾件事吸取教訓，包括今天紀檢點了名的個別幹部。有些案件還沒有結束，還要做出處理。有人問我，袁庚同志你年輕的時候，犯過錯誤嗎？我說犯過，但起碼我還能做點檢查，在黨的領導下我願意改正。在坐牢時，有人讓我寫材料，記得我寫了一句話：屢錯屢改。專案組的人說我耍滑頭。以前有位將軍，老打敗仗，皇帝要殺他，他寫表章給皇帝時就寫道：『臣屢敗屢戰。』就是說，我雖然打敗仗，但我爬起來還是繼續打，龍顏大悅。如果寫的是『屢戰屢敗』那就保不住命了。希望大家共同關心那些犯過錯誤的同志，不要看不起他們，應該要更加熱情地幫助他們，使得這些同志在甚麼地方摔倒就在甚麼地方爬起來，站起來，有錯就改，繼續為黨工作。」

最後，他說今天通過這幾件事來談談自己的一些想法，希望和大家共勉，把蛇口工業區建設得更好。

早在 1978 年下半年，袁庚到香港招商局調研期間，看到《明報》分類廣告欄內獻映影片除了「功夫片」「槍戰片」「喜劇片」外，還有「風月片」。他請梁鴻坤帶他去看風月片，梁鴻坤嚇得不敢挪步，袁庚火了：「有甚麼問題？我帶你去！」他看了不到半部「拳頭加枕頭」的爛片，從電影院出來說：「有甚麼了不起的，結婚也就這個樣子！」

然而《龍虎豹》不是「風月無邊」，是赤裸裸的色情雜誌。

會後，培訓中心按照黨委的要求召開職工大會幫助韓邦凱。會議由副主席朱雷主持。中心每個人都要例行發言走過場，會議氣氛搞得很緊張，頭幾個發言的教師習慣性地使用「亞文革」語言對韓邦凱展開批評。

培訓中心圖書館館長顧承原不隨大流，堅持實事求是原則，甚至質疑黨委的做法：「韓邦凱並不是袁庚同志所講的那種道貌岸然、男盜女娼之人，他的脾氣太好了。我不相信他會違反海關的規定私帶黃色刊物

過關，這其中一定有原因，請工業區的領導查明真相。但是，袁庚同志和紀檢會在新聞發佈會上的做法，使人感到工業區黨委又要搞一次政治運動了，說到底，袁庚要開始整人了。我們是了解韓邦凱的，希望領導們聽聽他的解釋。」

顧承原的話音剛落，個性極衝的姚中騰地一下站起來。他說：「剛才幾個同事都發言批判了，我聽了有些不同意見。首先，一個人如果犯了罪，他也有權利為自己辯護，在法庭上還可以請律師辯護。我請問袁董，你在大會上宣佈韓邦凱有錯誤，你找他談過話沒有？有沒有聽過他個人的陳述？」

朱雷一看陣勢不對，趕緊扯了扯姚中的衣角，壓低聲音說：「別闖禍！」

「你別扯我的衣服！」姚中已經是不吐不快了，「我還沒講完！韓邦凱是一名稱職的教師，你難道對他不信任嗎？你要是不信任他，何必把他放在這個位置上呢？我們這些知識分子在『文革』中受的苦難已經夠多的了，袁庚和紀委會這種疾風暴雨式的做法，容易出冤假錯案。我們已經浪費了十年，我不希望再浪費十年，到十年後再有人來給我們平反。我們是奔着你袁董的民主到這塊土地上來的，我們在原來的地方都是受了各種各樣的委屈才投奔你的。現在看來，你也是這樣的不民主，那麼我也可以打着鋪蓋走路。共產黨的天下大得很，不是只有你這一塊……」

一場幫教會，反而變成了指責工業區頭頭袁庚的批評會。會議的氣氛再度緊張起來，不僅沒有達到預定的目的，反而提前散會，不了了之。

當晚，嗅覺靈敏的新聞人韓耀根馬不停蹄地採訪了顧承原、姚中和始作俑者韓邦凱。次日，韓耀根致電袁庚彙報情況。袁庚剛聽幾句，便

粗暴地打斷他的話：「你不懂。這事性質惡劣，必須嚴查。」

3天後的下午，袁庚問韓耀根：「你覺得產生『龍虎豹事件』的最主要原因是甚麼？」

韓耀根悶了半天也不開腔，直到袁庚問了好幾次，才說：「袁董，你至少要把『龍虎豹事件』的真相搞清楚吧！」

袁庚懷疑他腦袋是不是進水了，再次強調說：「毋庸置疑，這本來就是一件不光彩的事情，再搞清楚真相也沒有用了。蛇口人已經給海關造成了惡劣的印象，現在，整個工業區……」

韓耀根打斷袁庚的話說道：「袁董你至少要搞清楚這一點，韓邦凱為甚麼會帶那種雜誌？為甚麼他一到海關後，主動將行李包上的拉鏈拉開，請人檢查？那是因為他住在香港的朋友家，朋友的菲傭替韓收拾行李，以為桌上的3本《龍虎豹》是韓的，幫他裝進了行李包……」

袁庚猛地打斷韓耀根的辯駁，正色說道：「好了，這些就不用說了，我今天來找你的意思很明確，我希望你在《蛇口通訊》上開個專欄，讓整個工業區的人們來討論討論，一起深挖思想根源，廣開言路，大家一起來幫助韓邦凱……」

「袁董，你總是談民主，讓大家廣開言路，但是，你聽過韓邦凱的話沒有？」韓耀根希望他親自調查，不恥下問，「當你聽過他的話後，也許會做出理智的決定」。

「看來你甚麼都清楚呀！」袁庚痛心地說道，「現在他說甚麼也沒有用了，他的行為已經給蛇口工業區造成了無法挽回的損失。本來，廣東省的那幫老領導就盯着工業區，他們說我們這裡甚麼都有，連賣淫嫖娼袁庚都不管！我是不管嗎？……好啦，現在說甚麼也晚啦，我給你最後說一次，你的《蛇口通訊》要着力強調這個事情！你懂不懂我說這個話

的意思？要是你的報紙沒有好好地宣傳，沒有在思想上向蛇口人強調這一點，我現在就把醜話說在前頭，我絕不輕饒你。」袁庚說完，扭頭便大踏步地走了，將韓耀根一個人孤零零地扔在沙灘上。

韓耀根的頭有些暈，他有一種在原地快速旋轉的感覺。他第一次意識到，眼前這個倡議民主、努力讓民眾說話的領導，骨子裡原本也很專橫，很封建，不給人說話的機會。「袁董，你聽我說最後一句，」韓耀根爭奪話語權，大膽地陳述個人觀點，「如果我說了一百句話，其中有九十九句都是錯的，只要有一句是對的，袁董，你也要聽啊！不然，你就是唐太宗，你的民主就是唐太宗式的民主……」

袁庚的背影突然停住了，像是被韓耀根的話所擊中。三秒後，他又繼續往前走去。

韓耀根全身乏力，極盡虛脫。「大不了捲鋪蓋走人！」他念叨着這句顧承原與姚中都說過的話，不斷地給自己壯膽。

半個月後，1985 年 9 月 10 日，中國第一個教師節。在工業區的慶祝大會上，袁庚例行到會，發表感言。他的演講正如他所言 ——「並非是長篇大論今後的教育方針，而是藉節目一角談一點『關於政治上坦誠相見』的淺見。」一個星期之前，他抽空看完了培訓中心那次幫教會的記錄材料，被震動了，想借用這個場合表達自己的所思所想。

袁庚的開場白顯得輕鬆而愉快：「各位老師、各位同志：40 多年前，我也是一名教師，可以説我們有同行之誼，所以，今天我也以一位同行的心情來祝賀我們的節日。4 個小時前，中央領導同志在北京主持了一個慶祝會，在全國各地都先後進行了慶祝活動，形成了尊師重教、尊重人才、尊重知識這樣一種風氣，張鐵生、黃帥的時代已過去了。」

「『四人幫』橫行時代，許多教師是在屈辱的日子裡度過的，一次又一次的『政治運動』，老師都得表態，否則就是跟黨不一條心。知識分子有他傲雪凌霜的骨氣，違背自己的良心被迫表態是一種精神的折磨，是對人的尊嚴最大的傷害。這樣的一個時代終於一去不復返了。」

　　袁庚那略帶灰白的濃眉下露出目光清澈、炯炯發亮的眼睛，他停頓了一下，再度環視大廳，他的聲音抑揚頓挫：「如果一個社會沒有起碼的政治上民主的氣氛，就很難造就人才；心情不舒暢或心有餘悸，學術上也就停滯不前。40多年前，美國比較開明的羅斯福總統提出要有免於恐懼的自由，如果說要發表一點政治上的見解，經常都是戰戰兢兢的話，那麼很難設想會有一個生動活潑的政治局面。」

　　至此，他的話鋒一轉，引入正題。「前幾天，培訓中心的黨員、教師開了一個會，內容是討論一個同志從香港返蛇口違反了海關禁止黃色刊物進口的規定，受到了海關罰款、批評。在會上，有兩位教師，就是圖書館的顧館長和培訓中心的姚老師，能夠鮮明地表達自己的政治見解，肝膽照人，鐵骨錚錚。他們說，我感到袁庚想整人了，一場政治風暴即將要開始，用不了十年八年又要為某人去平反的。這些話是在正式的會議上講出的。我看了這個會議記錄後，內心感到由衷的自豪和高興，說明蛇口是有人才的。因為他們不是吞吞吐吐，在那些陽光照不到的地方三三兩兩去講，而是正式在會議上、在講台上表達了自己的政治見解。我說，知識分子就應有這種凌霜傲雪的精神。這裡不是評價他們當時的講話內容是否正確，而是在於他們這種光明磊落、不畏『高官權貴』的精神。這是非常可貴的品質。」

　　每一隻眼睛都盯着他，人人都朝袁庚的方向仰着臉，他的這番講話使他們越來越激動，掌聲試探性地、稀稀拉拉地響起，直至沸騰。

「在大半年前，全國文藝界許多知名人士聚集在『海上世界』座談。我感覺到，蛇口不致力於辦好這樣一件事情，就很難發動千軍萬馬辦好蛇口工業區，這就是使所有的同志首先在政治上要免除一種發表政治意見的恐懼心理，讓大家公開發表自己的這種見解，只要不是號召推翻共產黨政權，不是人身攻擊、造謠惑眾，一律不許有打擊報復『穿小鞋』。今天我談的這個問題，旨在希望能倡導這樣一種風氣。我想，如果蛇口工業區沒有許許多多像顧館長、姚老師這樣的人，都噤若寒蟬，我們的事業就很難正確地繼續下去。」

袁庚的目光從第一排的聽眾身上移開，落在了最後一排的顧承原身上。他並不知道，對方之所以坐在最後，是準備在繼續捱批時跑路的。現在他臉上漾出微笑。

袁庚雙手交叉抱在胸前，再一次發表了激情演説：

「雖然黨委會、管委會也是由大家直接投票選出來的，一年之後你們過半數不信任可以改選，但這一年當中，這些同志究竟是不是按你們所委託去為你們辦事呢？這就需要每一個同志都能夠以主人翁的精神，敢於對任何領導，不管你是哪一級的，進行工作評價，而不是排他性，在下面私下去講。本來蛇口工業區形成了一個很團結的、穩定的、有生氣的局面。通過『小道』流言，不正派的排他活動，就會破壞整個大好的團結大局。對於政治上、組織上、人事上有不同見解的同志應該有顧館長、小姚同志這種精神，在大會上侃侃而談，面不改色，這樣才是真正大丈夫所為，蛇口人的風度。人們都能肝膽相照，勇於批評與自我批評，蛇口的政治局面將會朝氣蓬勃。」

「今天，利用這個機會重點説了知識分子、幹部（當然也包括三百多名在座的老師）要有良好的政治透明度問題，推行政治上直接參與的

民主，使得每個人都能暢所欲言，共同關心和共同辦好工業區，這個決心我們是下定了的。」

講話結束時袁庚長舒了一口氣。他放下了沉重的包袱，把自己放在了陽光下。

次日袁庚收到顧承原的一封信：

現在各級領導的思維方式，倘若只遵循向上負責、向下追究的原則，而不是強調顛倒過來的話，民主永遠是一句空話，蛇口也永遠根除不了「官不畏民，民畏官」的劣根。因此，發揚民主應先從蛇口最高行政機關──管委會開始，而袁庚同志更要帶頭提倡民主作風。

6天後，袁庚在部署工業區整黨會議上再次表示：兩位老師所發表的意見可能失之偏頗，但就其公開闡明自己的意見，抨擊工業區最高領導人的精神，是值得稱道的。他說，對於敢於發揚社會主義民主的人，要像對珍稀動物熊貓那樣加以保護，以免「絕種」。

從年初「納諫」，到夏末初秋被動地接受來自兩位小人物的指名道姓的批評，蛇口人逐漸明白，袁庚在蛇口倡導「免於恐懼的自由」是從監督和限制蛇口「最高長官」濫用權力作為起始點的。

「民選官」「民評官」
——「桃花源」風景（一）

時間走到 1985 年暮春。這天夜幕低垂，蛇口育才中學階梯教室裡燈光明亮，培訓中心第三期學員畢業典禮暨第四期培訓班開學典禮同時舉行，歡送 41 名三期學員奔赴工作崗位；歡迎來自全國 8 大城市和 2 個經濟特區的 149 名新學員加入「黃埔軍校」。如此盛會，香港招商局和蛇口工業區黨政領導悉數與會。忙碌了一天的袁庚，又一次登上講台，即興演講，去點燃即將成為蛇口建設主力軍的兩期學員心中的激情。

「這幾年，我們想從事一項工作，即在這個小範圍內探索中國的經濟改革。幾年前我們講『冒險』，小平同志來了，我們改為『試驗』——在『試管』裡試一下，看看試出的是怪胎，還是漂亮的小孩。」

這是袁庚首次把蛇口比喻為「試管」。

袁庚解釋道：「1000 多年前，陶淵明寫的《桃花源記》用塑造世外桃源去斥秦之暴政。資本主義萌芽時期出的《烏托邦》《太陽城》之類，我年輕時讀過，現在已經模糊了。它們都屬於不滿現實的幻想之作。而我們塑造的卻是思想境界很高的社會，是完全不同於它們的新的『桃花源』。」

他強調這個「桃花源」是一個「免除恐懼的自由」的社會。「你講的話只要不是推翻現政權，不是反對共產黨，不是搞人身攻擊，可以在公

開場合上指名道姓批評。總之，有恐懼心理的社會，不是我們所嚮往的社會！」

為了幫助工業區領導審時度勢，袁庚說：「這兩年，我們這裡成立了許多學術團體，可以批評黨委、管委會，我們叫它『壓力團體』。這些團體只要遵守我們憲法，不搞排他性，開會時允許別人旁聽，就允許它註冊。4月24日管委會要改選，各種團體要進行活動，管委會成立要開新聞發佈會，接受幹部群眾的質詢，使整個領導班子完全置於群眾的監督之下，造成一種民主氣氛。」

袁庚還對學員進行了必要的「提醒」：「我們已經建立起外向型的產業結構，現在的問題是，大學電焊專業畢業了，不願去工廠幹電焊技術專業，而願意做買賣，當經理，去甚麼茶樓酒館，交朋結友。他們認為在工廠敲敲打打，何時才能打出頭？所以工廠管理，尤其大廠管理一直上不去。現在大家要評功，依我看，就是要到工廠去評。我不是講不要搞商業，不要重視第三產業。資本主義《原富論》還講個資本積累哪，我們當然要講商業，講第三產業。但是這些產業必須為工業服務，為職工服務，為外商服務，而不能去炒買炒賣，不要去賺內地的錢。」

袁庚期望有一批頭腦清醒的幹部，對工業區發展十分明白的人，既要避免權力介入經濟領域形成腐敗的溫床，又要真抓實幹推動經濟的發展。

蛇口工業區管委會是1983年4月間經民主選舉誕生的，管委會每屆任期兩年。1984年4月22日，工業區黨委、管委會首次舉行年度信任投票。蛇口工業區300餘人投票，以袁庚為首的管委會獲得295張信任票，袁庚收穫1張不信任票。

1985年4月中旬，第二屆蛇口工業區管委會將直接選舉產生。屆

時，將有500多人參加推舉候選人，有1000多人參加正式選舉。新的一屆管委會9名成員將從15名候選人中產生，最後，報招商局批准。

4月4日，蛇口工業區黨委和管委會聯署出台了《招商局蛇口工業區管委會組織暫行條例》和《招商局蛇口工業區管委會選舉暫行辦法》，並成立了選舉工作小組，負責辦理管委會選舉的具體事宜。

4月13日，9點半，距離第二屆管委會候選人推選大會不到48小時，袁庚收到了兩封信。一封是國務院發展研究中心研究員丁寧寧讓顧立基轉交的。另一封是匿名信，署名鍾高。袁庚歷來有自己拆閱、批閱群眾信件的習慣，極少勞煩秘書。這個時候，招商局已經給袁庚配了秘書。

袁庚展開丁寧寧的信。袁庚認識他，顧立基的清華同班同學，1982年5月，他和顧立基曾結伴到袁庚北京西苑的家聊天。當袁庚極力擷掇丁寧寧來蛇口時，丁寧寧反詰一句：「如果有整個南頭半島我就去，你只要了二點幾平方公里，我去幹嗎？」

在信中，丁寧寧對袁庚即將展開的直選嘗試充滿憂慮，他委婉地告誡袁庚，現在還不是搞直選民主的時候，「文革」後大多數老百姓對此不感興趣。此外，蛇口的戰略轉折還未完成，要保持技術幹部隊伍的穩定。目前，把民主作為監督的形式，而不是權力更迭的形式。建議蛇口效仿香港實行總督制，對管理層的監督應靠廠、經理聯席會議。

讀完信，袁庚淡淡一笑。小老弟，謝謝你的提醒！這是一個試驗，一次民主嘗試。在中國總要有人去做，總有一個地方成為試驗田。簡而言之，即便是失敗了，也總要有人去「試錯」！

另一封火藥味很濃的匿名信，署名為「鍾高」是「忠告」的諧音吧！信中稱：「周為民正是自稱是『甄明伲』的作者，還有一幫人在幫他『吹

1984 年 4 月 23 日舉行的首次蛇口工業區對領導班子的信任投票，袁庚（左二）投下自己的選票

蛇口工業區每年舉行一次對領導班子的信任投票

抬』，以拉選票。」信中表示，袁是不會不知道此事的，是在玩弄「民主」的遊戲！還附了一張寫給韓耀根的便條：請你將此信交給袁庚，否則將採取進一步的行動，並希望韓不要參與這種遊戲！

嗬！袁庚恍然大悟，原來是你啊！「納諫」中的「甄明伲」就是周為民！

說實話袁庚一直很欣賞這位熱血青年，也曾用盡心力保護過他。就憑他那一股衝勁，我就應該想到是他寫的！可我恰恰被蒙在鼓裡。

當袁庚剛剛看到這封信的時候，還有點止不住發笑。為了拉選票，周為民也不管不顧，將自己寫過匿名信的事情都兜出來了。可見，這次的民主嘗試還是吸引了不少年輕人的。但到了後來，他越想越覺得這封信並沒有自己想得那麼簡單。說我在玩弄「民主」的遊戲？否則將採取進一步的行動？行動？甚麼樣的行動？

袁庚冥想片刻，決定不去理會這個可憐的警告。

丁寧寧並不看好這場民主嘗試。他堅持認為如果蛇口選擇總督制，也許另有一番天地，畢竟，總督制不需要經過一系列複雜的程序，而一場大規模的民選從某種意義上來說，不免會讓人傷筋動骨。他認為，在1985 年的春天，袁庚所堅持的民選活動是在經濟不具備的情況下開展的，是真正意義上的早熟。後來丁寧寧說：「我的信得罪了袁庚，他好長時間都不理我。可是，蛇口是我的研究對象啊！1992 年以後，袁庚退位了，我應顧立基之邀去蛇口講課，袁庚一見我就說，當時要是聽了你的話，多要點地方就好了！」但對於這封信他從未提起過。

4 月 14 日下午 2 點零 7 分，第二屆管委會的選舉動員會在育才中

學階梯教室召開。招商局人事部經理張為民主持會議，第一屆的兩委委員在主席台就座。當張為民剛宣佈會議開始時，袁庚就舉着兩封信站了起來。

「我首先念一封信給大家聽，這是我國年輕的社會科學家和經濟學家丁寧寧寫給我的，我最近沒有見到他，他聽說我們民主選舉產生管委會，憂心忡忡，提出了自己的看法。下面我給大家念念。」

丁寧寧的信讀完後，他語氣篤定而誠懇地說：「也有人與信的觀念相反，認為全國進行一場選舉試驗，蛇口工業區是最有條件的，因為工業區人員的平均年齡只有 24 歲。有很多朋友鼓勵我們大膽嘗試。當然，可能會失敗，所以，我們選擇企業做嘗試。除了耀邦同志點頭，董事會也下定了決心。如果是選蛇口工業區政府，需要經過深圳市、廣東省的安排。」

袁庚的聲音聽起來堅定而有力。他頓了頓，繼續道：「我們搞民主選舉已經兩年了，內地來的同志反映，幹部都很年輕，沒有架子。我們的辦公樓，誰都可以來，可以直接走進去，我們這裡『衙門沒檻，見官不難』。我們的幹部和普通職工一樣騎自行車上班，工作幹得還比別人多。去年的民意測驗，我們又推進了一步，今年的 4 月 24 日，全體幹部選舉，相信一定會選出大家滿意的班子。大家可能會擔心，如果選出的幹部不如上屆呢？我們還有一條，如果上台後搞陰謀詭計，貪污腐化，群眾可以罷免他。此外，還有一條，我們招商局還要審查批准。」

「希望大家耐心聽一下，這是第二封信，一封匿名信。」袁庚給大家念完信後，說道：「信的作者的推論是否合乎邏輯我不去批評。這封匿名信上說，這是一箭雙雕，又揚名，又助威。我可以坦率地講，《蛇口通訊》總編輯過年急急來找我，給我看信時，我認為信上寫的是合乎

事實的，審查都不必要，不然要總編幹甚麼？有個教授半夜打電話給我說，他是從北京的病房打過來的，說我魯莽，說香港把袁庚罵得一塌糊塗。我說，我們要看看社會輿論承受的壓力。我認為，微觀管理我是不行，不然為甚麼從全國各地那麼辛苦地網羅人才？為甚麼招商局的培訓中心，在今年的大年初一，要不遠萬里到美國、加拿大挑選人才？我們就要解決微觀管理，不然不會這樣糟糕。但宏觀方面，我們兩委還是有一些本事的。這次人大和政協對海南的倒賣汽車有意見，但我們蛇口就沒有這方面的問題了。我對寫這封信的人，這位叫『鍾高』的人已經作了評價，他害怕，恐懼，反過來，他如果有膽量，就把自己的名字亮出來，如果這些壓力也承受不了，一旦他掌權，他能承受甚麼？我不是在玩遊戲，我也從不玩遊戲。6年來，我和大家一起努力！我為甚麼這樣做？很簡單，我不想到了晚年抖抖地寫『誰辦事啊……』」

台上台下一片笑聲。

「我希望不要搞這種政治遊戲了，這很沒有蛇口人的風度，政治風度！」袁庚稍事停頓，正色道，「大家投票時要思想，可不可以在選舉時進行競選活動，為某某某助選行不行啊？我們不提倡也不反對，但是，我們不搞陰謀詭計，不要人身攻擊，我們要堂堂正正地去做。」

最後，袁庚說：「對這個地方的命運，取決於我們的共同努力，我們將共同創造出一個民主的氣氛。有人問，你退下來行不行？我說，我只起三個作用。第一，可以『通天』，告訴到中央。第二，大方向我出點主意，這幾年來堅持『以工業為主』，不義之財不賺。第三，有不同意見，可以代表上面領導拍板裁決。但是，我的這種作用會越來越稀薄，這是好現象。我的話講完了，謝謝大家。」

掌聲響起，經久不息。袁庚站起來，給大家深深地鞠了一個躬。

在自由提問環節裡，顧立基站起來提問，這是繼武克鋼在一個月前的選舉動員會上發難後，袁庚所面對的第二次質疑。顧立基提了三個問題，其中一個是，「管委會成員應該有比較多的同志是管過企業的同志，我看了看這個選舉法，似乎比較容易當選的是兩委中工作的同志，而基層企業的同志出面比較少，機會不平等，我希望——」

「為了解決這個問題，所以要開新聞發佈會，這個辦公室要負責。」袁庚打斷了顧立基的話，急切地說，「為甚麼不創造條件讓他們亮相？班子搭配是否能好，希望同志們在寫選票時注意這個問題。」

顧立基希望黨委與管委會的組幹部門平時能給基層的同志創造機會。

袁庚點點頭說：「這個意見很好，以後兩委開會作為第一議程。」

絕大多數年輕幹部在關於民主選舉的大方向上是非常支持袁庚的，僅僅是在具體操作的層面有不同的意見。由於蛇口民主空氣濃鬱，下屬可以直接和袁庚公開碰撞，通過爭論，使選舉的方案更具操作性，更好地為工業區的政治改革服務。武克鋼也好，顧立基也好，絕大多數的蛇口人著迷於袁庚的思路：通過民主選舉，建立一支對百姓負責，為百姓服務，完全置於百姓監督之下的幹部隊伍。他們支持袁庚做的試驗，自己也成了試管裡的風景。

1985 年，高個子的袁庚背稍稍有些駝了，高鼻子之上的眼睛也眯縫著，老花得更厲害了。頭頂上的風景寥落而稀疏，不靠染髮劑的話，早就白成聖誕老公公了。

打造一個物阜民康的「桃花源」理想，進行一項探索性的民主試驗，這一切，使得 68 歲的袁庚精神狀態良好——更加輕鬆、更加風趣、更加頑強。他並沒有過多地為自己考慮，比如說晚年的「安然著陸」，比

如說在經濟上搞點甜頭，只是又開始了另類形式的「冒險」。

4 月 15 日至 4 月 24 日期間，袁庚在蛇口度過了緊張的 10 天。4 月 15 日，管委會候選人推舉大會。393 人參加投票，另有 31 人委託他人投票。發出 424 張選票，收回 416 張。按投票數多少計，15 人被選為第二屆管委會候選人。袁庚名列榜首，票數 323；有 93 人未投他的票，佔總數的 22.4%。

4 月 19 日至 23 日，是管委會候選人的演講與答辯會。24 日，正式選舉第二屆管委會的領導班子。為了全程親歷體驗，袁庚暫且擱下了香港的工作，長時間駐紮蛇口，用他的話來說，此舉打破了他個人蹲點蛇口的「吉尼斯紀錄」。

其間，4 月 18 日上午，袁庚收到了選舉小組送來的東西：第二屆管委會候選人的書面問答。在第一輪選舉中被選出的 15 名候選人，除了無一例外地向選民報告自己的施政意見外，還必須回答 5 個問題。當然，這是袁庚倡議的。群眾為甚麼不可以搞搞「官意測驗」，檢查一下他們當「公僕」的水平？！

袁庚花了一個小時，洋洋灑灑地寫下了他的施政綱領。但是，隨後的 5 個問題，倒令他呵呵一笑，這些問題其實還挺刁鑽的，不簡單。當初他只是提議要給候選人出出難題，考倒他們，現在，這個難題就橫亙在自己面前。

他圍着桌子走了好多圈，冥想，苦想，直到他深思熟慮後才在稿子上一一回覆。

第一個問題：您認為蛇口工業區目前最突出的問題是甚麼？如果

你當選的話,首先要抓好的三項工作是甚麼?

答:我曾經宣佈過,我退出「競選」。但無論誰當選,我認為都應該:

1. 毫不動搖地堅持以工業為主、石油服務為主、外銷為主的外向型經濟結構。必須使外匯有更多的盈餘,這是生死攸關的大事。

2. 抓經濟管理,抓工業、服務業的經濟效益。只有社會生產力大大發展,才能產生一個富裕的社會,才有可能五年左右人均收入接近或超過香港。事在人為。

3. 繼續改革,不斷創新。停滯不前,安於現狀是死路一條。改革以增強人民民主意識,建立良好的民主風尚,把管委會置於群眾監督之下至關重要。這一民主活動及其活動形成正在實驗之中,要逐步完善以成為制度。

第二個問題:您認為蛇口工業區廣大職工最關心的是甚麼?應如何對待?

答:廣大職工最關心的是在提高自己工作能力的同時,使得自己的才華得到最好的發揮。改造工作和生活環境,建設物質文明和精神文明的窗口,為了長遠的整體的利益,實現上述目標,就要暫時地局部地付出一定代價。例如工資福利的增長千萬不要超過人均勞動生產力的增長,否則等於慢性自殺。

第三個問題:您認為應該採取哪些措施才能進一步做到人盡其才、物盡其用,使企業具有充分的活力?

答:這是一個經濟體制改革中的重要問題,需要蛇口人不知疲倦地在實踐中探索,創造一個人民有權決定和監督企業的重大方針和經營活動的局面,逐步健全經濟立法,解決企業效益與職工福利掛鈎的問題。

企業領導人在規定權力範圍內可以大展拳腳，而又不至於濫用權力。

第四個問題：您認為自己最突出的特點是甚麼？您最擅長做哪些工作？

答：我是一個很普通的職業革命者，沒有甚麼特殊氣質，如果有的話，就是我不相信「神」。

我對工業區的作用正如我表明過的：一是必要時向上對話；二是關鍵時出點子；三是機器運轉發生故障時，起點潤滑作用。

第五個問題：您每天的生活是怎樣安排的？您有哪些興趣和愛好？

答：生活安排得不好，總是忙忙亂亂。幾年來由於焦頭爛額，興趣愛好萎縮、扭曲了。每天以接受最大量的信息作為興趣，這是不正常的，希望有一天改正過來，不過我擔心時間不允許去改過來了。

自 4 月 19 日至 22 日，連續 4 天的夜晚，在育才中學的階梯教室內，共舉行了 4 台候選人的演講答辯會。15 位候選人陸續上台，以脫口秀的形式，宣講自己的施政綱領，當然，還必須回答選民的各種各樣的提問。

在這個新舊領導班子交替的過渡期裡，袁庚每晚蒞會，自始至終都坐在前排，專注傾聽，偶爾插話。在他的眼裡，這不僅是一場展示工業區頂尖級人才智慧的大聚會，更是一場關於民主、監督、「官意測驗」等諸多話題的臨時路演。

19 日晚 7 點半，袁庚照例提前 10 分鐘坐在階梯教室的前排。今晚有三位候選人演講答辯，按照順序分別是顧立基、車國保和周為民。先登台的顧立基講完了施政設想後，就有人舉手提問：「上面交辦或你負責的事情，如果不能使上下都滿意，你是滿足於上呢，還是滿足於下？」

顧立基答道：「本人比較急躁，往往有好的願望，不一定有好的結果。不一定能使上、下都滿意，但我相信自己是有判斷力的，我認為正確的，不管領導是否反對，我都堅持自己的意見。」

有人提問：「這次選舉中，你到過哪個單位拉過選票？」「沒有啊！」「現在請投我一票吧！」

嗬！有意思！袁庚帶頭鼓起掌來。

車國保的施政意見是 —— 應成立招商局蛇口工業區集團總公司。車國保認為，兩年來，工業區管理不善，癥結所在，就是因為政企職責不分。目前，已經到了新的轉折點，應成立招商局蛇口集團總公司，才能解決企業辦社會所無法承擔的重負。

在答辯中，有人問：「培訓班出來的是『直系部隊』，即所謂的『黃埔軍校』，你也是培訓班畢業的，對這種說法有何感想？」

車國保答：「我是第三期培訓班的學員。培訓班畢業的幹部更應嚴格要求自己，和工業區廣大幹部融為一體，為工業區的前途共同努力。」

另一隻手舉起了，有人問：「你如果上台，能否做到使合資、獨資企業幹部定期輪換一下？」

車國寶說：「目前工業區的幹部流動有問題。但我不能許這個願。蛇口應是企業家、實業家的天下，他們應該受到最高的政治、經濟待遇。」

又是一陣掌聲。

最後，輪到周為民演講了。這位清華大學的畢業生、共青團「十大」的中央委員，一開言便說：「民主首先不是一種法律，而是一種意識。」他的演講圍繞着他對蛇口實行的民主和這次選舉的看法展開。他回顧了個人的經歷，認為蛇口目前民主的基礎尚不具備，但他表示，既然大家

都在認真地對待這次民選，他也一定採取嚴肅的態度。

　　發言時間不長，限時鈴聲還未響。但周為民決定要結束這一切了。要是沒有告訴大家，他就是「甄明伲」就好了，只是為了搞競選，拉點選票，頭腦一發熱就說了。經過深思熟慮，已成為候選人的周為民在答辯台上選擇了急流勇退。他微微一鞠躬說：「真的很對不起大家，在這個公開的日子裡，我因為個人原因，正式宣佈退出這次候選！」

　　台下的袁庚一愣。

　　掌聲響起。

　　接下來的兩晚答辯會，陸續是彭順生、孫紹先、趙勇、梁憲、陳金星、虞德海、喬勝利七人。

　　孫紹先走向答辯台，先向大家深深地鞠了一個躬，接着說：「各位好，我是工業區的總工程師孫紹先。大家知道，總工程師的職責是對工業區的房屋建設負責。但是，半個月前，招北小區正在施工的一戶陽台塌了。我很抱歉，我向大家賠個禮，道個歉，對不起了！」

　　「陽台坍塌的問題已經查明：是設計單位為了好看，將陽台的樓板設計得沒有樑，這就對施工的要求高了。由於施工隊的工人疏忽，鋼筋擺放位置不當，陽台承受力不夠，導致陽台塌了。當總工程師的職責是保證安全，工業區建設的房屋一間也不能塌！這十多天來，我檢查了300多套建好的房子，只有這一套有問題。請大家放心，我在塌陽台的第二天，就將我的家搬進了新房，我就住在那戶塌掉陽台的房屋旁邊。如果我當選，我要把工業區的房屋建好，不但不能塌，住房的標準也不能太低，我保證，每戶職工的住房面積將達到 80　90 平方米，也就是說我們住三房兩廳！」

　　階梯教室裡，爆發出一陣熱烈的掌聲。

當晚，所有的候選人答辯完後，袁庚走到答辯台，做了一個簡短的總結發言。他說：「今晚的答辯會很好，是真實思想的大碰撞，大家的思想在這裡見了面。但是——」他頓了一下，若有所思地補充道，「我反對在競選中搞許願、搞福利主義的，那是不行的。」他的目光在孫紹先的臉上劃過，「工業區的房屋建設，是要管委會的決定，是要未來的管委會的成員集體舉手的，不是哪個人能夠在這裡說了算的。」

孫紹先的臉龐火辣辣的，他將頭埋了下去。

第二天上午 10 點半，袁庚走進孫紹先所在的辦公室，問他昨晚是不是心情不舒暢。

「沒有。」孫紹先的回答既軟弱無力，又小心翼翼。

「小孫哪，別那麼脆弱，我昨晚當眾提出批評，是因為我們在競選中絕對不能搞許願、搞福利主義，那我們是甚麼了？我們和資本主義國家的那些民選有甚麼不一樣呢？我們要一切從實際出發，個人做好分內的事情，把工業區齊心協力建設好，你說是不是啊？」

「是！」

袁庚笑着說，「你做得不錯，檢查了 300 多套房子，還第二天搬了家，還挑了離塌掉陽台最近的一戶。」

「袁董，我——」孫紹先輕聲嚷道。

「亡羊補牢，任何時候都不晚。」

22 日晚，7 點半。階梯教室。第一屆管委會負責人的答辯會，5 個人的演講答辯會，依次是梁鴻坤、江波、王今貴、熊炳權和袁庚。每一個人演講 15 分鐘，答辯 20 分鐘，輪到最後演講的袁庚時，已是夜晚 10 點零 5 分。

他走上演講台，開口宣講：「在蛇口，人們普遍地關注着一種新的

嘗試——民主選舉產生工業區管委會。如今,我們且不論其形式與範圍如何,旨在選出一個合乎民意、代表民意的好的領導班子,通過選舉制度的不斷完善,鍛煉蛇口人的民主意識,建立起良好的民主風氣,把管委會置於群眾的監督之下,逐步地從人治走向法治,培養工業區自組織、自循環的能力,保證工業區沿着正確的軌道健康地發展。」

　　他的回答解釋了顧立基在質疑管委會構成時的擔憂,他宣佈:「蛇口工業區是招商局的直屬企業,但由於它日趨社會化,到目前為止,工業區已擁有150家企業,各行各業,門類甚多,在管委會的結構上不可能亦沒必要囊括各類專才。管委會應當由綜合型的企業家組成,這些人具有一定的專業知識,更重要的是通曉全局,了解國內外市場,懂得與外國資本家打交道,有管理企業和管理小社會的才能和經驗,善於協調各企業部門的運轉。由於工業區還肩挑全國改革試點的重任,要求管委會成員有政治遠見,是明白人,對工業區的發展戰略有全盤設計的能力。即由所謂的『軟專家』組成,而不一定是『硬專家』。那些日常具體事務或技術問題,可由管委會聘請智囊團或專家出謀獻策,以便能集中精力研究解決重大問題。」

　　在談到改革與民意問題時,袁庚再三強調說:「蛇口要保持改革勢頭,需要付出十倍甚至更艱苦的努力。我們的『試驗』,是基於蛇口的各項改革先走了一步,是基於人口機構、文化水平條件較為成熟,是基於我們對事業的信心,並非玩政治遊戲,並非想出風頭。我想,我們萬一失敗了,是在這個蛇口的彈丸之地,對全國不至於產生大的震動;但是,我們的試驗,如果能夠推動我們的事業有所前進,則可供參考。這次參加選舉的範圍,已經從兩年前的100多人擴大至1100多人,在總結經驗的基礎上,今後選舉的範圍還將逐步擴大,並逐步完善。」

「15 日的推薦候選人大會上，承蒙大家信任，又把我放在首位，這使我的內心十分不安。我在 13 日的幹部座談會上已表明，我信守曾對小平同志講過的諾言 —— 不參加這次『競選』了，退居二線，我一樣可以起到對工業區的『三個作用』。讓老牛破車繼續走在不很平坦的道路上，當然將來會是康莊大道的，我相信，多走幾年，這樣對於湧現出來的新秀們的鍛煉成長會有好處。」

鈴聲響了，演講的時限已到。

袁庚對按鈴的選舉小組成員笑笑，說了最後一句話：「同志們，當您拿起筆來行使選民的權利時，請手下留情！謝謝！」

選舉小組組長唐若昕站起來宣佈：「下一個環節，由選民提問。時間為 10 分鐘。」階梯教室中，等待提問的手已經舉成一片。

袁庚指着那位手舉得最高的人說：「你先提吧！」

「袁董，工業區的工資甚麼時候能夠和工業區的產值增長速度掛鈎？」

袁庚愣了片刻。他是最不願意回答這類問題的。近年來，蛇口工業區飛速發展，產值迅速提高，工業區的盈利情況良好，少部分人就開始議論紛紛，中心議題就是這個問題。他解釋說：「一個自負盈虧的企業，職工，包括其家屬子女的工資福利直接與集團企業的興衰掛鈎。只有工業區人均勞動生產率大大提高、創造出更多的社會財富時，人們的物質生活才能相應提高。任何企業企圖超越社會人均勞動生產率的增長趨勢，鼓吹甚至煽動提高工資福利，都是慢性自殺的行為。對此，我們要有清醒的認識，切勿被眼前的利益所迷惑。根據幾年來的實踐經驗，我們認為，全體職工的物質生活增長幅度是合理的。」

袁庚又從工資福利方面擴延開來，重複了一大堆他的理念、他的原

招商局輪船股份有限公司

中國註冊

電話
5-440444
5-440555
5-442626
5-439303

電報掛號 2156

（83）招商字第132號

關於蛇口工業區實施《工資改革方案》的批復

局蛇口工業區管理委員會：

蛇口工（83）239號文悉。經研究，原則同意工業區《工資改革方案》，
一九八四年元月起試行，在試行過程中，要注意總結經驗，逐步加以完善。

《工資改革方案》實施後，工業區直屬單位職工的個人月均收入，控制在
.23元人民幣的平均水平。

工資改革是一項十分艱巨複雜的工作，它關係到每個員工的切身利益，直
關係到工業區的經濟效益，必須認真做好政治思想工作。同時，要逐步建立
科學的考核辦法，制定完整的、具體的考核措施。通過這次工資改革，提
工業區的企業管理水平，進一步調動廣大員工建設經濟特區的積極性，促進
區各項事業的蓬勃發展。

特此批復。

1983 年

1983 年招商局對蛇口工業區工資改革方案的批覆。1983 年
蛇口工業區率先打破平均主義「大鍋飯」，實行基本工資加崗
位工資、職務工資加浮動工資的工資改革方案

則和他的希望。好容易剎住話頭，演講時間還有兩分鐘。

只有提一個問題的時間了！還沒有等點兵，政策研究室的一位老幹部站了起來說：「袁董，蛇口工業區蓬勃發展，大家的心情舒暢，您帶領大家搞民主，隨着進一步的改革開放和事業的成功，我們的『民主』還有沒有一點希望啊？」

袁庚啞然。對方的問題真是銳利啊，這不就是等於說，我們的民主是有問題的嗎？這兩年來，袁庚私底下聽說，有人議論袁庚搞獨裁，搞偽民主，現在看來，這種議論聲已經浮出水面。袁庚很想告訴這位老同志，要自己分析自己判斷，例如，是否獨裁可以從兩個方面看出來，一是允不允許有不同意見的發表，二是否有私心。我袁庚就是想打造一個免除恐懼的自由社會，我沒有私心，只想把蛇口的未來建設好！幾秒鐘後，他明確地說：「我可以很明確地告訴大家，用民主這個利器來選拔我們的幹部，歷史將證明我們是正確的。民主是力量的源泉，說起我們的民主選舉，我們不是一下子擴得很大的：第一年，1983 年，是在助理工程師和主任的範圍之內；第二年，1984 年，擴大到 300 多人；今年是第三年，這次擴大到全體幹部。我在想，到下次選舉時能不能擴大到全體職工？使得每一兩年的改選，大家都坐在一起，回顧大家的缺點，善意地提出希望，當然，坐下來要心平氣和，不搞爭權奪利。要正確地對待權利。要知道，這裡都是有抱負的年輕人匯集起來的，希望把工業區變成一個理想的家園。前段時間，我帶着波蘭人看我們的幼兒園，他們說沒有想到中國會有這樣的幼兒園，要拷貝，說看了之後充滿信心，這是大家幾年來孜孜以求的境界，為了下一代的共同願望和理想來創造這樣一個理想境界。」

袁庚揮了揮手，繼續說道：「從我們選舉小組辦的 5 期快報來看，

我很高興，大家反應熱烈，非常高興。假如沒有 5 年來我們共同努力，恐怕沒有這樣的民主局面。現在沒有經驗，大家來探索，失敗之後，放心，我來檢討！」

1985 年 4 月 24 日下午，第二屆管委會直選如期舉行。1170 位選民在 15 位候選人中選出 9 人作為新管委會成員。選舉結果在 26 日的新聞發佈會上宣佈。票數最多者仍是袁庚，獲得 1006 票，有 164 人不選他。第二名熊炳權，957 票。以下 7 人依次是王今貴、虞德海、喬勝利、江波、趙勇、陳金星、彭順生。第一屆管委會成員中有 3 人落選。5 月 16 日，香港招商局批准了選舉結果。

「管委會」這個詞，既可以從企業董事會，又可以從權力職能機構進行解讀。總之，這是中國第一家直選的領導機構，其意義恐非目前所能判斷的。

第二屆管委會對所轄企業的廠長、經理實行聘任制。先由群眾通過無記名投票方式推薦候選人，再由組織部根據群眾推薦和考察情況提出人選，然後由工業區黨委和管委會決定聘任正職的名單。副職人選由組織部門與正職協商提出，在黨委和管委會討論通過後，由管委會正式聘任正、副職位。聘任期一年，連聘連任，不再續聘者另行安排工作。

5 月 10 日上午 11 時，袁庚與到訪的新加坡前第一副總理吳慶瑞博士一行相談甚歡。吳博士已經被國務院聘為中國沿海開發經濟顧問，這次訪問不公開見報，不接受記者採訪。

招商局與新加坡早有來往，近幾年共同開發、經營赤灣石油後勤基地，彼此之間的聯繫又有了進一步加強。

吳慶瑞聽說蛇口正在進行一場不尋常的試驗，職工選舉領導人。「這點很不尋常啊！不知是自發的還是得到北京批准的？」

袁庚答道：「是得到中央首長同意的。那是 1983 年胡耀邦書記來蛇口視察工作就談過這個問題。我只是感到，管理應該是依靠立法，人民應該有選舉權和罷免權。」

「你說得對！」

「官員的權力過大，容易濫用權力。如同嗎啡，對人民是有害的。」

吳慶瑞豎起大拇指說：「你的見解很對，嗎啡，這個比喻很有意思。」

「官員們應該知道，政府官員是人民的公僕而不是人民的老爺。權是人民給的，人民有權罷免他們。他們明白這個道理，就懂得去用好權。」

吳慶瑞不時地點頭，微笑。

「我們沒有現成的經驗，我們參考西方的。但他們的做法不一定適合我們，我們這幾年在做試驗。」袁庚說，「如果不通過試驗，怎能做出正確的結論呢？」

吳慶瑞舉一反三，從民主的試驗想到了企業管理，他說：「企業管理是個十分複雜的問題。西方的管理有缺點，他們的專家工資過高，其實並沒有必要。新加坡的企業專設有管理人員的經理，但做得並不好，他們不是濫用權力欺負人，便是廠方難以接受。對人的管理關係到企業的成敗，這一點不管是資本主義還是社會主義都一樣。」他告訴袁庚：「蛇口試驗，不僅引起中國內地的關注，其他國家也在關心研究。」

袁庚謙遜地表示：「我們早就向新加坡學習了管理，管理碼頭和管理住宅。吳博士，我們一會兒要去的赤灣碼頭，一邊是新加坡公司管理

的，一邊是我們管理的，一比較就明顯了。但是工廠管理，我們主張學習日本。」

吳慶瑞笑了笑：「英雄所見略同！」

5 天後，5 月 15 日，鄧小平會見了吳慶瑞。

次年，5 月 6 日，應香港中文大學中國經濟特區資料研究室邀請，袁庚在當代亞洲研究中心做了《蛇口 —— 中國開放改革的試管》報告。1985 年 6 月，蛇口工業區政策研究室編輯資料，總結了蛇口民主選舉基本成功的原因：

幹部隊伍素質較高。蛇口工業區有幹部 1200 多人，平均年齡 34 歲，大學和中專以上文化程度的佔 80%，大部分來自京、津、滬、穗等大城市，政治素質好，事業心強，熱心改革，比較容易接受民主思想。

地域有限。工業區面積僅 2.14 平方公里，地域狹小，便於克服大眾傳播媒介不足的弱點，便於進行有領導、有組織的民主選舉，選票能相對集中。

民主傳統。蛇口工業區的領導者，特別是袁庚同志積極倡導和大力推行政治民主化，繼 1983 年第一屆管委會選舉後，又創立了新聞發佈會、聊天會等形式，為群眾提供了自由發表意見和監督幹部的機會。袁庚同志以身作則，主動接受和支持對自己的公開批評，整個工業區形成了較好的民主風氣，養成了一定的民主習慣，加上工業區幹部制度的改革，破除了幹部職工的終身制，幹部等級觀念和官氣相對少一些，這些良好的民主傳統，是這次民主選舉成功的重要因素之一。

袁庚同志的個人作用。具體表現在：一、能抑制政治派別對民主選舉的影響和內部矛盾的激化。二、對群眾有很強的號召力、吸引力，群眾對他有信任感。三、能準確把握民主的尺度和範圍，對選舉中碰到

的重大問題敢於拍板。在這一點上，我們認為：在中國特定的社會歷史條件下，當我們在追求有限的民主目標時，需要領導上的高度集中，這往往主要地表現為某個領導人物的作用，忽視這個人作用表現的高度集中，便不能保證對有限的民主目標的追求。

工人、資本家雙贏？
——「桃花源」風景（二）

創辦工業區，務必要招商引資。袁庚要求整個工業區與招商局全體人員投注十二分的熱情與精力來面對外商投資。早在 1982 年，他對日本三洋講過一句很「右」的話：「投資者賺錢，就是招商局的成功，投資者賠錢，就是招商局的失敗！」

資本逐利而來，那麼，工人呢？工人的權利誰來維護？袁庚的辦法是：「參照香港地區和西歐北美國家工廠的辦法，盡快成立工會！」

就如何成立工業區工會，他多次與指揮部同仁商議。他覺得，工會如果只是組織職工進行文娛、體育活動，發一點福利，變成「文體工會、福利工會」，就沒有蛇口的特點。這個工會，按照全國總工會的要求，基本職能是「維護、教育、參與、建設」，蛇口工會的重點要放在「維護」上。

第一期培訓班班長孫邦傑被委以重任，負責籌備蛇口工業區工會。

籌備期間，香港開達實業公司在蛇口的獨資企業凱達玩具廠在訂單很多的情況下，不顧工人利益，強制個人加班加點。晚班女工小白在加班加點中，昏倒在崗位上。100 多名女工自發聯合起來，抗議廠方不把工人當人看，舉行集體停工。尚在籌建中的蛇口工業區工會迅速介入，會同有關部門與廠方進行長達 50 多天的鬥爭和協商。

6月中旬，凱達廠工會主席端木默向工業區遞送了一份情況反映。玩具廠工人每天都要加班加點，部分工人對長期連續加班加點表示不滿。工廠匯合勞動服務公司多次與廠方交涉，要求廠方以工人自願為原則控制加班加點，並整理出會議座談紀要，但廠方不肯簽字。當晚，有二三十位女工拒絕加班。第二天工廠負責人找她們逐個談話。廠業餘合唱隊負責人鄭豔萍因不肯承認錯誤，遭到廠方開除。

　　喬勝利拿着這份情況反映向袁庚彙報，袁庚的態度是加班應該是自願為原則，要求資方嚴肅講清楚，不准他們胡來。

　　凱達廠是較早進入蛇口且人數較多的一間大廠，佔工業區當時職工總人數的三分之一。港方經理余正統說，當年是袁庚千呼萬喚把他們接過來的，認定袁庚不會因為一個打工妹而得罪香港凱達公司。袁庚要求工會和工業區繼續堅持據理力爭，一方面做好凱達廠的工作，另一方面交代喬勝利：「應立即佈置鄭豔萍向地方法院提出控訴，傳訊余正統！」

　　籌建中的工業區工會果斷地行使權益，向凱達廠發出通知：如不改正錯誤，就訴諸法律。一個月後，7月26日，廠方同意鄭豔萍復工，並補發了停工期間的工資，同意加班加點一天不超過兩小時，工人若不願意加班，告知領班或組長即可。

　　當廠方被迫接受有利於工人的條款之後，工人們奔走相告。有人說，想不到在電影看到的工人與資方的鬥爭故事，竟然就發生在我們身邊。

　　1983年7月28日至30日，蛇口工業區工會第一屆代表大會在為工人維權的風雨途中宣佈召開。省、市及港九工會聯合會負責人到會祝賀。袁庚講話，強調工會是工人自己的組織。他說，原有的內地工會模式難以適應日益複雜的勞資關係和不斷增多的勞資糾紛，市場經濟呼喚

新的更好的模式早日形成，蛇口工業區工會必須依據自身特點，高舉維護職工合法權益的旗幟，創造性地開展工作。

蛇口工會第一屆代表大會出席代表 179 名，其中工人代表 117 名，佔 65.4%，女代表 73 名，佔 40.8%。大會通過無記名投票，選出 13 名委員，其中有一名香港獨資企業員工。大會選舉謝冠雄為工會主席。

不久，袁庚約見凱達廠工會主席端木默，請她談談凱達廠工會工作，商討新形勢下如何保護外資企業工人的正當權益。他還問到鄭豔萍的情況。

8 月 29 日，中共蛇口工業區委員會批覆蛇口工業區工會委員會謝冠雄任主席（脫產），彭譚光任副主席（脫產）、高潔蘭任副主席（不脫產），另組織、宣傳（2 人），生產、勞資協調（2 人），勞保、生活（2 人）及女工委員（2 人）計 11 名。所有委員都不脫產。鄭豔萍與另一位女工兩人作為工業區女工的維權人物，被選為女工委員，邊打工邊用業餘時間為整個工業區女工的權益出謀劃策，奔走呼號。

蛇口工業區管委會在工業區工會的調研基礎上，於 1983 年 9 月 7 日出台《蛇口工業區關於外資企業、中外合資企業職工超時工作的暫時規定》，明確規定加班每月不得超過兩次，每次不得超過 8 小時；加點（正常工作日、工作時間超出 8 小時的工作）每週不得超過 4 次，每次一般不超過 2 小時。規定要求各企業應在每月底將當月的超時工作統計表報送工業區工會和勞動服務公司核查。

1985 年 1 月 18 日，工業區工會舉行企業經理、廠長迎春酒會，主題是宣傳工會作用。袁庚舉杯說祝大家新春發財，興味甚濃聽兩名外商總經理「現身說法」，談組建工會的「痛並快樂着」的體會。

1989 年 2 月 22 日，袁庚陪同香港總商會一行 30 人在蛇口參觀考

察，再次強調：「我曾經講過，投資者賺了錢，首先是招商局的勝利，投資者如果失敗了，那也首先是招商局的失敗。我們的一個宗旨就是，真心實意地希望投資者發財，而不是過年時在口頭上的『恭喜發財』。如果投資者發了財，我們一點都不眼紅！」

袁庚一手維護工人利益，一手支持資方盈利。1985 年 5 月 8 日，他在一次會議上說，一方面，我們要宣佈有一個「約法三章」。如果發現外資企業對我方員工有人身侮辱、非人待遇、超強度加班和違反協議，比如說拖欠工資等等的情況，工業區一定要進行干預。另一方面，對於我方某些員工不習慣於嚴格的科學管理，留戀吃「大鍋飯」，黨團工組織要對他們進行有效教育。他希望憑藉着兩手，實現勞資雙方共贏。

當年 7 月 28 日，袁庚在蛇口工會代表大會上說：「工人們在生產線上進行忘我的勞動，如果說他們是為資本家賣命，但是同樣也是為我們國家賣命。如果不懂得這個道理，這個工會就會失敗。」他強調：「我們想，在蛇口區工會成立後，在這塊地方創造出經驗，來回答這樣一個問題：我們這裡的個人都是受壓迫，受資本家壓迫？不是！不是這回事。」

1986 年元旦這天，蛇口工業區明確建立基層工會的範圍，調處目的和工作方針。調處糾紛的目的是「協調勞資關係，溝通雙方思想，增進合作共事，合力辦好企業」。將調處勞資爭議工作方針修改為「以事實為依據，以法律為準繩，嚴明公正，堅持原則，資方違法不馬虎，職工有錯不袒護，講究方法，適可而止，不可有利沒有節，不能有理不讓人」。

這 56 個字的調處爭議方針，在國內外有較大的反響。第二年，蘇聯全蘇工會中央理事會副部長基雅什科率領的蘇聯合資企業工會聯合訪華代表團做客蛇口，聽過 56 字方針的介紹。1990 年 6 月 20 日，基雅

最早的日資三洋廠

什科第二次帶隊訪問蛇口，令人驚訝的是，他竟然能完整背出蛇口調處勞資爭議的 56 字方針。

　　1994 年 2 月 28 日至 3 月 20 日，全國總工會政策研究室主任李勇海一行對蛇口工業區工會工作進行調研，形成《鮮明的職工利益代表者的身份和作用 —— 關於蛇口工業區工會模式的調查報告》。

　　1994 年 6 月 19 日，時任中共中央政治局常委、書記處書記的胡錦濤在全國總工會關於蛇口模式的調查報告上批示：「蛇口工業區工會工作的思路和成效是好的，組建率和入會章程都達到了較高水平，對全國各地正蓬勃發展的三資企業和特區、開發區的規劃組建工作尤其有借鑒意義。」當年 11 月，胡錦濤視察了蛇口工業區，對蛇口工業區的工會工作給予了充分肯定。

全國總工會把蛇口工業區具有開創性的工作稱為「蛇口模式」，認為對全國工會工作有着很大的借鑒和指導意義。1995 年 2 月 19 日，全總「蛇口工業區工會工作模式」理論與實踐研討會在蛇口召開。蛇口工業區工會成為全總在改革開放大潮中樹立起來的第一面旗幟。

　　那麼，在外商方面，蛇口工業區及其企業又是如何呢？1992 年 12 月初，由深圳外商投資企業、中國新聞發展公司等單位聯合舉辦的「最佳外商投資獎」活動揭曉。「最佳外商投資獎」的 10 家企業中，蛇口地區佔了 6 家。蛇口地區還有 20 家企業分別榮獲「優秀外商投資獎」「外商投資榮譽獎」等獎項。

誓死捍衛你說話的權利

——「桃花源」風景（三）

　　袁庚在蛇口工業區推行「民選官」「民評官」的同時，還倡導職工以各種形式參政議政，監督管理層工作。工業區依法允許並推動先後成立了 26 個民間社團，除了工、青、婦外，還有企業管理者協會、翻譯工作者協會、會計工作者協會、集郵協會、月季花協會等等，形成一支參政議政的力量。袁庚稱這些民間社團為「壓力團體」。向誰施壓？向他；向誰建言？向所有工業區領導，以期把蛇口這盤棋走得風生水起。

　　蛇口具有學術性、行業性、文體性的 20 多個社團，主要是興趣相同的人有機會聚在一起，研究、探討行業性活動和學術性問題，展開相應的活動。蛇口的文藝社會蠻活躍，孕育了中國當代第一篇打工文學作品，產生了林堅、安子等中國第一代打工作家。

　　這些團體除了討論他們本身的工作外，也可以議政 —— 議論工業區管委會的工作，提出批評建議。

　　《人民日報》記者在採訪中聽到這樣一件新鮮事：蛇口曾開過一次「經理太太座談會」。這裡的經理公務繁忙，許多人無暇顧家，引起夫人的不滿。管委會決定召開這麼一個會，讓她們發發牢騷，訴一訴苦。會後，領導要求經理一週至少有兩個晚上回家，這也作為考核幹部的一條。

　　蛇口「在民主化建設方面採取的種種措施，目的是增強群眾的主人

翁意識，創造一個民主和諧的政治環境」。①

在《該注重管理了 —— 向袁庚同志進一言》問世一周年後，1986年 2 月 25 日《蛇口通訊》刊發《首次蛇口新聞沙龍公告》，謂蛇口新聞出版協會與該報將於 3 月 3 日晚 7 點 30 分，在培訓中心 8 樓聯合舉辦首次「蛇口新聞沙龍」。沙龍採取重點發言和「天南地北自由交流」形式，重點探討蛇口民主與法制問題。

新聞沙龍規定：「1. 新聞沙龍的參加者一律稱為沙龍成員，職權的作用不能帶入；2. 新聞沙龍上只要不反對中國共產黨、不搞人身攻擊，誰都可以講話，堅持自己的觀點，反駁其他不同觀點；3. 新聞沙龍的每次發言錄音經整理後公開見報。」第一條，沙龍座上人人平等。第二條，沙龍言論，自由開放。第三條，沙龍成果，全民共享。

蛇口「新聞沙龍」基本每月一次，議題多半是群眾關注的新聞熱點，並探討管理區面臨的各種問題。袁庚沒有出席過新聞沙龍，《蛇口通訊》刊登的發言要點卻每期必看。第七次沙龍的議題是「決策程序的科學化和民主化」，讓他拓展了思路。第九次沙龍的議題是「如何創建蛇口的民主機制」。育才中學的胡曉明第一個發言。他認為：蛇口創建初期，袁庚說了算可以，現在蛇口進步發展了，再那麼搞就不行了！我覺得一個領導搞的民主應該有可能導致他自己下台，這才是真正的民主。

袁庚致力於推進民主，就是為了胡曉明說的如何制約「袁庚說了算」的濫權問題。

社團組織、新聞沙龍，管委會不僅支持，甚至還把出席、參與他們

① 李德民、錢是辛：《蛇口的另一種探索》，《人民日報》1988 年 12 月 24 日。

1983 年 1 月，蛇口第一個群眾性團體 —— 企業管理協會成立，袁庚（起立者）到
會祝賀。袁庚倡導要給群眾「知情權」，蛇口的 20 多個群眾團體均成為監督領導人
的「壓力團體」

的活動，看作是主動聯繫群眾、廣泛聽取群眾意見的有效途徑之一。

蛇口的民主氣氛，活躍的政治生態，使北京來的 3 位專家一時很不適應，引發了一場「蛇口風波」。

1988 年 1 月 13 日，深圳蛇口舉行了一場「青年教育專家與蛇口青年座談會」。「青年教育專家」係中國青年思想教育研究中心研究報告員李燕傑、曲嘯、彭清一 3 位同志，蛇口青年有近 70 名。開初，李燕傑談到來深圳與蛇口的感想，盛讚「美的風光，美的心，美的山河，美的人」。曲嘯讚美特區青年不是斷了線的風箏，而是騰飛的銀鷹。他說：「凡在人群中，必定有先進的、落後的、中間的。有差異是正常的……就是在座的當中有沒有淘金者呢？……到這裡創業，這是大多數，有沒有淘金者？有……」

這時，坐在門口的一個青年說：「希望 3 位老師能和我們一起討論一些實質性的問題，不要講些空洞的說教。你說來深圳的人有建設者、創業者，也有淘金者，請你們解釋清楚甚麼叫淘金者？」蛇口招商局進出口貿易公司的一位青年爭辯道：「淘金者『賺錢』，但沒有觸犯法律，無所謂過錯，『淘金者』來蛇口的直接動機是賺錢，但客觀上也為蛇口建設出了力。這樣的『淘金者』有甚麼不好？」

蛇口青年思想活躍，敢想敢說，向遠來的專家提問題是很正常的事，但 3 位專家不適應、不習慣平等的對話，不習慣討論、爭論問題。彭清一對質疑他們的演講「是空頭的、虛無縹緲的」那位青年說：「敢不敢把你的名字告訴我？！」引起與會青年的笑聲，那位青年當場遞上名片，他只怕他的老闆，不會怕專家。其實，幾位蛇口青年除了頂撞專家外，更多的是披露、批評蛇口的不如人意處。

對這次座談，專家們給予好評。彭清一、曲嘯認為蛇口青年坦率，

1986 年蛇口人舉辦的新聞沙龍

袁庚（左一）出席蛇口工業區新聞發佈會

李燕傑説今天雙方有一些不同見解，對彼此也有啟發。他很喜歡「海納百川，有容乃大」這句話。然而，兩天後，一份以「北師院青年教育研究所」署名的《「蛇口座談會」始末》材料上報給了有關部門，認為與會青年有「較為明顯的錯誤言論」，「整個氣氛是嘲弄的，甚至是敵對的」，那個遞名片的青年也上了「材料」。以後又在各地的演講中屢次把蛇口青年作為反面教材拿出來講。

事情發生後的第 18 天，1988 年 2 月 1 日，《蛇口通訊》這張很少為內地讀者所知的週報，在頭版報眼上發表了一條使它名震全國的消息：《蛇口青年與曲嘯、李燕傑坦率對話 —— 青年教育家遇到青年人挑戰》。這是一篇本報訊，並未署名。

2018 年春天，筆者在上海拍攝《袁庚傳奇》紀錄片，《蛇口通訊》老記者王克櫟透露了一個極為重要的細節：「有一天，袁董的秘書王鏗給報社打來電話，就問『這個事，你們為甚麼沒有報道？』袁庚認為，就應該支持蛇口青年這種自由討論的風氣。」聽到這個指令，王克櫟馬上伏筆寫稿，把雙方對立的觀點一一羅列，寫下了這篇 300 字的本報訊，回應事件原委。

隨後，2 月 12 日《羊城晚報》介入，全國各大報刊紛紛連載。[1]

3 月 28 日及 4 月 11 日，《蛇口通訊》報一版編輯魏海田撰寫的兩篇長篇通訊《蛇口：陳腐説教與現代意識的一次激烈交鋒》及《蛇口青年與曲嘯等同志還有哪些分歧》再次引發轉載潮。他把這兩份報紙寄給了在《人民日報》評論部實習的大學同學曾憲斌。1988 年 8 月 6 日，《人

---

① 馬立誠：《「蛇口風波」始末》，《文匯月刊》，1989 年第 2 期。

民日報》刊登了曾憲斌採寫的《「蛇口風波」答問錄》。

李燕傑把蛇口那幾個青年人的做法概括為五不對：立場不對、觀點不對、事實內容不對、路子不對、手段不對。曲嘯發出警告：「對於那極少數別有用心專事製造謠言挑撥是非的人，我們還想奉告一句，如果認為我們在任何時候都不會或不敢運用法律武器維護自己的正當權益，那就錯了。」

對於這場風波，袁庚對南下採訪的曾憲斌作了兩條明確表態：「一、既然不是到這裡來傳經送道，就不能只允許一家之言；既然是座談，就大家都可以談。曲嘯、李燕傑同志可以有自己的觀點存在，也應該允許其他的觀點存在。我們還是要提倡堅持不論對內對外，不論對誰，不論甚麼流派、甚麼觀點，只要不反對黨，不搞人身攻擊，都可以讓他們在這裡發表，在這裡交流，在這裡探討。但有一點要講清楚，我們不歡迎教師爺式的空洞說教，聽不得不同意見，甚至要問你是哪個單位的、叫甚麼名字。這種作風連我這個老頭都不能容忍，青年人是不會歡迎的。二、我非常讚賞這句話『我可以不同意你的觀點，但我誓死捍衛你發表不同意見的權利』。希望記者同志一定要把這個觀點報道出去，這是保衛憲法賦予的言論自由的神聖權利。所以，對那位被追問姓名並上了甚麼材料的青年人，我們一定要加以保護。即使他的發言有甚麼不妥，也不允許在蛇口發生以言治罪的事情。」

《人民日報》在刊出《「蛇口風波」答問錄》的第三天開闢了《關於「蛇口風波」的議論》專欄，至 9 月 14 日專欄結束，報社接到了 1531 件來信來稿，其中有 266 件傾向或贊同李燕傑等專家的觀點，佔全部稿件的 17.4%。《人民日報》在議論專欄發表的 39 篇文章，選用贊同李專家等人的達 17 篇，佔見報總數的 43.6%。

讓袁庚想不到的是，他再次成為新聞熱點，猶如 3 年前的「納諫」事件。作為領導人，贊成群眾公開批評自己，倡導遵循憲法原則，享有言論自由，原本是常識範圍的事，不料震盪全國，引發社會思考。對他的兩條表態，點讚的大有人在，批評的也不在少數。北師院青年教育研究所《關於「蛇口風波」報道群眾來信情況綜述》第二部分中的 10 封群眾來信，有 4 封對袁庚提出了批評甚至批判。「這位老幹部太開放了吧？」「他學習外國走得太遠了吧？」「他斷言是對青年譁眾取寵」，袁庚等人「把蛇口青年引向何方？他們要保衛的是甚麼言論？甚麼自由？」

　　1988 年 8 月 13 日晚，週末，在蛇口工業區第三次代表大會上，袁庚作了《改造傳統思想工作》的演說，晚 10 時，接受《人民日報》記者採訪。他強調，「在蛇口，不管上級、下級，對話、講話，都是平等的」。如果帶一種說教式的口吻，或者用華麗的辭藻演說，蛇口青年很反感。當問到蛇口如何做青年的政治思想工作時，他說：「做政治工作、思想工作、社會工作、教育工作，最聰明的辦法，是把我們存在甚麼困難，有甚麼問題，有哪些錯誤，原原本本告訴大家，不要遮遮掩掩；要人民給予甚麼樣的支持，由大家來討論，每個人都懂得了，才能形成一股力量，同心同德。」

　　就蛇口的人際生態環境，袁庚對《人民日報》的記者說：「無論是從社會上的地位，還是人們的心理狀態，民主生活已成為蛇口人生活的一部分。」

　　後來，袁庚說：「現在回過頭來看，這件事情很好理解。它的實質就是計劃經濟與市場經濟之間的矛盾衝突，是兩種不同的經濟體制下不同的價值觀念之間的衝突。

　　「市場經濟講的是公平合理，計劃經濟講的是服從和無私奉獻。究

竟如何取捨呢？請讓我打個比方：兩人分蘋果，一個大，一個小，你拿大的還是拿小的？我拿大的你說我損人利己。如果我反過來問，你願意拿大還是願意拿小，你說拿小的，那我便說，你這不是陷我於不義嗎？我還可以說：既然你願意拿小的，那麼我拿大的豈不是正合你意？怎麼是損人利己呢？這樣就亂了套，就像《鏡花緣》裡的君子國，讓人不知所措。

「按照市場經濟的規律，這件事情該這樣辦：假如這個大蘋果值 5 毛錢，我若挑大的，便補償你 1 毛錢；若挑小的，你便補償我 1 毛錢。這樣公平合理，大家都沒意見。合理的，才是道德的。

「當然，個人的道德行為另當別論，就整個社會的普遍原則說，離開公平合理講無私奉獻，是帶強迫性的道德要求，只會造就另外一批佔別人便宜的人。蛇口很早就建立了市場經濟體系，蛇口青年的思想觀念與他們的經濟生活密切相關，他們不願意接受計劃經濟時代的道德準則，因此衝突就不可避免地發生了。再說這樣的事情在蛇口已經司空見慣。宦鄉一共來了蛇口 5 次，最後一次對我說，這裡的青年爭論得很厲害，思想非常尖銳，有些問題我根本回答不出來，你是怎麼培養出這樣一批人的？所以『蛇口風波，雖然在外面鬧得沸沸揚揚，蛇口本身卻很平靜，大家覺得這種事沒有甚麼值得大驚小怪的』。」[1]

《人民日報》開闢「蛇口風波」專欄的初衷，重點探討在經濟發展時期如何加強與改進思想政治工作。討論文稿中，不乏真知灼見。比如收復老山主攻團政委，後在國防大學政工研究室工作的老軍人認為，商品

---

[1] 袁庚：《彈丸地裡大試驗　蛇口不是桃花源》，《南方都市報》2008 年 12 月 18 日 A20 版。

經濟的發展使得思想政治工作的改進不可或缺。許多同志提出,必須與時俱進,加強思想政治工作。「蛇口風波」的各方就如何加強思想政治工作,特別是如何加強經濟發達地區的思想政治工作尚未展開充分的探討。現在回過頭去看,前些年我們重視經濟發展的同時,忽略了制度建設和思想政治工作,留下了沉痛的歷史教訓。新時期如何加強思想政治工作,也是今天全社會需要思考的問題。

為你舉手加額，為你扼腕歎息

在蛇口實行輿論監督，落實憲法規定的人民言論自由，對於蛇口的積極意義是不言而喻的。1993 年 9 月，新華社記者黃揚略在一份「內參」中，先行提出問題：為甚麼像蛇口這麼一個緊挨香港、金錢誘惑很大、商品經濟活動紛繁複雜的地方，自開發興建工業區至今 14 年，從沒發生攜款外逃事件？約 2000 名幹部中僅有兩三個發現有嚴重經濟問題或經濟犯罪行為，絕大多數幹部勤政廉政？

新華社記者的答案是：「工業區領導一丙鼓勵的報紙、電台、電視台公開批評、討論等形式的社會輿論監督，基本上形成了一個比較健全有致的幹部監督體系。可以說，蛇口的幹部尤其是有一定職權的領導幹部，其思想行為基本上置於『光天化日』之下，旁觀者自省，至觀而自戒，不廉潔不檢點的事情自然就少了，犯罪的事就更少了。」

「民選官」「民評官」促使「領導幹部能上能下」變為現實。1985 年選舉第二屆管委會領導班子，落選的梁憲在宣佈選舉結果的當晚馳書袁庚，傾訴感觸很多，表達「並非一個落選者的失望」，而是歡欣「蛇口成長壯大」，「與事業的成敗比較起來，個人的進退是無所謂的」，「我舉雙手擁護新班子，衷心祝賀第二屆管委會光榮誕生」！

此後，先後有王今貴、陳金星、彭順生、余昌民、盧曉等在選舉中落選，都能正確對待。

那麼聘任的「官」呢？先説王潮梁。1983 年 11 月 19 日，被招聘調進蛇口的王潮梁，被聘為「海上世界」股份有限公司總經理。1984 年 1 月 26 日，「海上世界」因鄧小平題詞而開始名揚中外。還不到百天，4 月中旬，王潮梁被調離「海上世界」。對此有人不理解，有人很同情，他卻很淡定。3 年後，1987 年，王潮梁被推舉為首屆董事會 14 名候選人之一。答辯會上，有人問他對自己幾上幾下有何感想？他強調上去應該拿得起來，下去應該放得下去。認為通過幾上幾下受到很大鍛煉，大大加強了承受能力，對自己有很大的好處。他的話贏得熱烈的掌聲。

取代王潮梁就任「海上世界」總經理的鄭奕，年僅 24 歲，上任之初首先改革工資制度，得到袁庚的支持。但在如何使用一名幹部的問題上，鄭奕和工業區組幹處談不攏，尋求袁庚支持。袁庚説在幹部問題上聽組幹處的，鄭奕很不理解。袁庚的理論是，我們的幹部沒有絕對的責任，也就沒有絕對的權力。「海上世界」是國家的財產，當權、責、利還不是很分明的時候，不應該給個人絕對的權力，用人必須通過人事部門，因為黨的組織部門對整個幹部隊伍有更全面的考量。

後來，鄭奕因「海上世界」參與倒賣汽車活動，被解除了總經理職務。

鄭奕出事後，袁庚與他有一場對話，核心話題四個字：有錯就改。在工業區會上，袁庚呼籲：「希望大家共同關心那些犯過錯誤的同志，不要看不起他們，應該更加熱情地幫助他們，使這些同志早日站起來，有錯就改，繼續為黨工作。」

鄭奕由總經理變成外國石油公司的小司機，工作起來很認真。

在蛇口的電力建設中，電機工程師丁傳作是一位大功臣。1987 年 8 月 6 日上午 10 時零 5 分，蛇口工業區突發停電重大事故，長達 2 小

時 40 分鐘，給數百家企業和居民造成很大損失。丁傳作時任供電公司總經理，停電事故並不是他個人的直接責任，但他勇於擔責，在 8 月 8 日的辭呈上說「作為一個公司的負責人，對於本公司所發生的一切失誤及事故均負有不可推諉的責任」，「難辭其咎」，申請辭職，「以謝天下」。《蛇口通訊報》讚他是「失敗的英雄」。

1987 年 5 月 8 日，於 4 月底選舉產生的蛇口工業區第一屆董事會 14 名候選人，在經過連續 3 個晚上的演講答辯後，經過民主選舉產生 7 名董事，招商局委派袁庚、王世楨、梁憲、梁鴻坤 4 名董事，共產生董事 11 人。袁庚任董事長，王世楨、王今貴任副董事長。5 月 14 日，蛇口工業區董事會第一次會議，明確工業區實行董事會領導下的總經理負責制，所有權和經營權分開，決策監督權、執行權分開，做到責、權分明，理順關係，提高效率。6 月 3 日，董事局召開經理會議，宣佈聘任喬勝利為工業區總經理，陳金旱、車國保、顧立基為副總經理。袁庚董事長報告首次董事會議的情況，強調「創辦工業區，就是應有敢於冒險的開拓精神，在改革中先行一步」。

在談到蛇口要達到甚麼目標時，袁庚再一次強調社會主義民主，說：「我們歷來提倡，人民要有免除恐懼的自由，應有知情權，我們的報紙要有批評領導者的權力，蛇口人要做堂堂正正的中國人，從而使蛇口真正成為開放的社會、民主的社會、文明的社會，敢於同世界上任何先進的工業區一爭短長。」

對於蛇口工業區在民主建設方面的探索，《人民日報》1998 年 12 月 24 日在一篇署名文章《蛇口的另一種探索》中，正面而審慎地評價，指出「既然是探索，有不完善處，有不同意見，是正常的。目前，關於政治民主化的探索還太少，蛇口作為一個『試管』，它的經驗能夠打開人

袁庚（左一）代表第一屆董事會在新聞發佈會上向群眾報告工作，接受質詢

1990 年 10 月，蛇口工業區第二屆董事會選舉答辯會場內外

們的思路,是值得重視的」。

隨後,蛇口開展的民主選舉,選民投票率呈下降趨勢,對選舉的質疑呈上升勢頭。

1987 年選舉首屆董事會投票率,較之 1986 年管委會信任投票率下降 4%。

1988 年 7 月 22 日,首屆董事會信任投票結束,投票率僅有 66.8%,剛過三分之二。此次信任投票不針對個人,只對董事會集體。此前 7 月 4 日,《蛇口通訊報》發表署名「海聲」的來信,建議「工業區領導公開個人財產情況,並繼續實行對董事個人進行信任投票的做法」。「海聲」希望工業區領導能夠對蛇口民主建設和政治透明度再做貢獻,公開董事會成員(董事長當然不能例外)、總經理及政府負責人的個人財產。「建議仍應保留原來對當時個人的信任投票」,理由是這種針對個人的投票,「包括對個人作風和品質方面因素的考慮」。

一向重視民意的袁庚,對「海聲」所代表的部分幹群所提出的兩方面的建議,並無任何回應。

此後,《蛇口通訊報》發表過兩封措辭比《該注重管理了 —— 向袁庚同志進一言》更大膽、尖銳,公開批評袁庚的讀者來信,只是再無轟動效應,袁庚也沒有回應。

公開民意、民聲難,蛇口知難而進,做到了。根據民意、民聲修正錯誤調整策略,難上加難。蛇口因沒有相關的制度跟進,在關隘前徘徊不前,引發調整甚至反覆也在所難免。

儘管困難重重,但在蛇口的改革並沒有停頓。

暫且回望一下在袁庚主導下,蛇口所創造的全國首創或全國第一

吧。歷數起來，至少 24 個。諸如第一個進行工程招標；在全國率先實行人才公開招聘；第一個改革人事制度，凍結原有級別、工資等級，實行聘任制；第一個進行分配制度改革；第一個實現住房商品化；第一個建立社會保障體系；第一個在企業內部進行民主選舉；第一個對管理層進行民主評議，舉行信任投票；創辦全國第一家由國有企業為主的中外合資股份制企業——中國南山股份有限公司；建設第一個由企業自籌資金、自主經營、自負盈虧的對外開放海港⋯⋯

在金融體系，1984 年，袁庚在招商局成立了中國第一家企業內部結算中心和財務公司，被稱讚為「近 50 年來中國金融業最具震撼力的事情」。[①] 在這個基礎上，1986 年 8 月 11 日，中國人民銀行正式下文批覆，同意試辦招商銀行。

1986 年，招商局迎來誕辰 114 周年，座談會上，招商局社保公司經理助理馬明哲首次提出，能不能像 100 年前招商局為輪船辦保險公司一樣，讓工業區重操舊業，袁庚回答他：「我不同意你的觀點。」

此前，馬明哲設想蛇口工人每人每月交付一點錢，作為基金，為蛇口職工的工傷或離職人員提供經濟保障，但遭遇到政策上的阻礙。馬明哲猜想袁總或是基於政策上的考慮而沒有同意，企望單獨面見他，說服他。3 個月後，蛇口工業區副總經理車國寶帶着他坐船到香港，向袁庚面呈個人意見。他談的是創建一家商業保險公司的必要性及其前景。

僅僅彙報了 5 分鐘，袁庚立即贊成：「我支持你們！」馬明哲適時地送上早已擬就的草案，袁庚仔細閱覽，改動了幾個字，說：「可以，你們先報上去。」

[①] 王玉德、楊磊等：《再造招商局》，中信出版社，2008 年版，第 10—23 頁。

申請開辦保險公司關隘重重。袁庚分別給當時的中央財經領導小組秘書長張勁夫，中國人民銀行行長陳慕華、副行長劉鴻儒，國務院特區辦公室副主任胡光寶等人，詳陳成立一家新型體制保險公司的必要性。

一名負責國際業務的副總經理告訴馬明哲，「建議很好」，「條件不成熟，將來會支持你們」。

1987 年，馬明哲帶着袁庚寫給張勁夫的信，走進中南海，拜見張勁夫。[①]

1988 年 8 月間，招商局與中國工商銀行、深圳信託投資公司合資成立了中國第一家企業股份制保險公司 —— 平安保險公司。

袁庚創辦工業區，最早鍾情於工業，這從他為蛇口街道所起的工業一路直到工業八路的名稱，即可看出。他也鼓動香港朋友馬太夫婦在蛇口創辦免稅商店，興辦商業，涉足金融。這個時候，他與時俱進地提出向高科技領域進軍。

1988 年 9 月 10 日，袁庚在蛇口工業區引進工作會議上，明確提出「蛇口工業區要轉型，要發展知識密集型行業，要提高智能公司，發展智力輸出」。到年底，在由四川省計算機公司、新加坡 CTM 科技公司和蛇口工業區合資開辦的高科技電子公司舉行一周年慶典會上，袁庚揮筆題詞：「用腦細胞創造財富」。

蛇口高新企業已經起航。

招商局中銀漳州經濟開發區將在更高的層面上複製「蛇口模式」。

1991 年 1 月 25 日，時任全國人大常委會委員長萬里視察蛇口工業

---

① 盧麗濤等：《改革者袁庚》，《第一財經日報》（上海）2016 年 2 月 1 日。

區的港口、建設中的蛇口集裝箱碼頭等地，並為工業區題詞：「南國春來早」。

1992 年 1 月 23 日，鄧小平在深圳市委領導的陪同下，乘車視察蛇口工業區、赤灣、左炮台以及廠區社區。

1992 年 2 月 7 日，袁庚陪同老領導、時任全國人大常委會副委員長葉飛視察蛇口工業區，葉飛説：「希望你們好好總結經驗，不光總結經濟建設的經驗，更需要總結走社會主義道路的經驗，不要怕困難，不要怕壓力，把步子邁得更大些。」

即使老驥在途，志在千里，但畢竟老了。

1993 年 3 月，75 歲的袁庚第三次申請離休，終獲批准。

招商局的幹部們記得，有一回幹部大會上，他掏出自己因公往返港澳通行證件，上面密密麻麻地蓋滿了深港兩地邊防印章，舉着，搖搖：「你們忍心看着一個 70 多歲的老頭，每天拿着這個本子在兩地跑來跑去嗎？」他勸勉幹部努力工作，不要讓一個老頭失望，也有放下擔子歇歇的潛意識。今日，總算如願以償了。

春去春來，白了頭。

春三月，袁庚交出他「掌控」了 15 年之久的招商局及其蛇口工業區。

蛇口，中國改革開放前沿陣地的一支「試管」。

「袁庚一生的最高潮，在深圳蛇口。是袁庚，成就了蛇口，蛇口也成就了他，袁庚和蛇口，都成了改革開放的一個標本。」[1]

---

[1] 財經內參：《剛剛，一位引領過中國的大佬走了》，《永遠的袁庚》，招商局集團編印。

212

袁庚主政招商局，創造了百年招商局的第二次輝煌。他離職的這一年，蛇口工業區人均 GDP 已經比肩「亞洲四小龍」的 5000 美元。曾幾何時，蛇口就像一個自成一體的「獨立王國」政企合一，擁有稅收徵管、土地規劃、項目審批等權限。隨着領頭人袁庚的離職，漸漸地，蛇口褪去了它的先鋒色彩。三五年後，隨着全國更多經濟開發區的崛起，蛇口開始變得「無聲無息」。後來，由於深圳經濟特區的做強做大，深圳市城市版圖迅猛擴張，2004 年，蛇口工業區被撤銷。從此，蛇口，只是深圳市南山區行政版圖上的一個社區，一處風光秀麗的濱海宜居之地。那些散落在蛇口的原先工業區的港口及其企業，仍歸屬於中資招商局，成為純粹的企業。

早在 1984 年，香港招商局成立香港招商局集團。2009 年，招商局集團提出「再造新蛇口」的口號，重新定義蛇口，改變工業區所造成的廠區形象，升級為全新的商業區。

2014 年年底，廣東自貿區獲批，蛇口入選自貿區。此後，國家確定發展粵港澳大灣區。處在大灣區海岸線上的蛇口，迎來了更大的發展機遇。

遠去了，那過往的蛇口工業區。

第六章

初心不改

一個革命老人，在向所有的向前走不回頭的堅韌者致敬。

老摔哥：向前走，莫回頭

　　在改革開放初期披堅執銳，篳路藍縷的先行者、探索者的袁庚，晚年深刻反思自己的失誤或遺憾，向筆者坦陳有三大「錯誤」，爾後，他更正為有三大「失誤」。

　　那是 2003 年 9 月下旬，筆者還在香港《文匯報》任記者，第一次採訪袁庚。他用三大「錯誤」為自己往事作總結。他對筆者說：

　　第一大「錯誤」：我打了個報告給中央，李先念代表中央五個主席接見我。我把當時的寶安地圖攤開給他看，說：「希望您劃個地方給我們。」他大筆一揮，劃了 30 多平方公里出來，都到了南頭、機場一帶，我不敢要啊！我哪有錢呢？那時發展一平方公里要一億一千萬哪！1981 年，香港總督麥理浩來了，跟我聊天，他說香港開發一平方公里的金額至少是這裡的十倍以上。

　　第二大「錯誤」：蛇口開發之初，香港 13 個大財團來蛇口訪問。其中包括包玉剛、王寬誠、馮景禧、胡漢輝、李嘉誠、霍英東、胡應湘等億萬富豪。我帶他們看了蛇口的規劃圖，他們大感興趣。後來派李嘉誠先生來跟我說：「袁先生，國家給你這個權力開發這塊地，能不能讓我們大家都參加進來呢？」是否也可以讓港人享受一些蛇口工業區的改革開放優惠政策呢？我當時思想還不夠解放，心中無數，只得對他們一一作揖：「各位老兄，我對你們將來的投資能不能收回沒有把握，不敢牽

217

袁庚在離開領導崗位之後，依然關心蛇口工業區的建設

累各位啊！」他們只得哈哈一笑了事。如果當時把這批人搞進來的話，蛇口早就大變樣了！

　　第三大「錯誤」：蛇口工業區既是一個企業，又是一個社區。當時，在蛇口發展得最好的時候，假如我抓住時機給蛇口立法，讓它成為特區中的「特區」，該有多好？①

　　後來，袁庚囑咐筆者將「錯誤」改為「遺憾」，這樣說也就更準確一些。

　　第一個遺憾，致使工業區騰挪空間有限，制約了對資金的承接，對項目的落地，限制了有識之士在更大的空間發揮才幹。清華大學某研究院的青年專家，在蛇口辦班、講學，袁庚很賞識他，力邀他到蛇口工作。這位專家不客氣地說，如果工業區是整個南頭半島那麼大，我會去。蛇口，彈丸之地，我不去。

　　第二個失誤造成的遺憾，有商界人士認為，在計劃經濟與市場經濟長期博弈的中國經濟，這種拒絕港資北上，是悖逆時代的失誤。「如果當年香港和內地合作，實現真正的資本與人性融合，或許，歷史又是一番面貌吧。」②

　　希望他談貢獻，他卻談錯誤。當時，筆者聽呆了。袁庚，作為一位功成名就的長者，中國傳統的做法是不斷為其添加傳奇的油彩，他卻在成績面前尋找不足，顯示了他的高尚情操和特別之處。那時，筆者便決定寫他老人家的傳記。③

---

① 楊大俠：《袁庚與王石：兩個時代的「逃亡者」》，商界招商網，2016 年 2 月 3 日。
② 涂俏：《袁庚與香港的一段情緣》，香港《文匯報》2003 年 10 月 6 日。
③ 卜昌偉：《〈袁庚傳〉記敍改革開放前沿之聲色光影》，《京華時報》2008 年 5 月 5 日。

袁庚晚年

2005 年 1 月，筆者為了《袁庚傳》的採訪、寫作，辭去香港《文匯報》的工作。2008 年 3 月，作家出版社出版了 50 萬字的《袁庚傳：改革現場（1978—1984）》。讓筆者感動的是，袁庚極少說自己的事，問到他，只說這件事你去找某某某，我說了不算。更讓人誠惶誠恐的是，他本人堅決不審稿，哪怕涉及他的隱私，他在殘酷戰爭中的情與愛，他、他老伴、他子女都不審稿！他們說，「這是你的東西，你有你的自由」。這就讓筆者寫作中戰戰兢兢，如履薄冰，採訪時力求全面、客觀，力求真實、公正。

　　袁庚在蛇口主張並實行取消行政級別，量才錄用，自己離休以後，國家規定他享受正部級待遇。

　　剛離休那幾年，袁庚保留或者別人硬送給他的頭銜還有 20 多個：招商集團有限公司顧問、中國南山開發股份有限公司名譽董事長、香港近海油田股份有限公司名譽董事長、赤灣石油基地股份有限公司顧問、海口大學兼職教授、招商銀行名譽董事長、平安保險公司名譽董事長等等。

　　離休後，他在中央媒體的出鏡率還比較高。

　　1997 年 1 月 9 日始，中央電視台攝製的 12 集大型電視文獻紀錄片《鄧小平》在蛇口工業區連續播出。第九集《走向世界》介紹了蛇口工業區，再現蛇口開山炮、袁庚陪同鄧小平登上微波山視察蛇口，袁庚提出「時間就是金錢，效率就是生命」口號的鏡頭，引起蛇口觀眾的熱議。

　　半年後，中央電視台《東方之子》欄目組採訪袁庚。1997 年 10 月，中央電視台連續兩天一至九套《東方之子》欄目播出袁庚的專題訪問。

　　這個時期他還是蠻活躍的。每有邀請，他大都躬逢盛會，漸漸地更多偏重於文化、文學、教育、學術等方面的活動。

袁庚接受上海《文匯報》記者採訪

1997 年 1 月 26 日，為紀念鄧小平視察南方 5 周年，由深圳特區報社、蛇口工業區黨委宣傳部、《蛇口消息報》聯合舉辦的「鄧小平在深圳大型圖片展（蛇口部分）」開幕，袁庚趕到風華大劇院參加開幕式，與圖片攝製者、提供者《深圳特區報》攝影部主任江式高共同回憶往日幸福時光，還站在圖片前進行講解。

1998 年初，深圳蛇口的年輕人出版了散文集《每棵樹都有牽掛》。1 月 8 日，深圳市作家協會、蛇口工業區宣傳部在蛇口舉辦該書創作研討會。袁庚在主席台上，饒有興趣地聽作家高曉聲與蛇口作者談蛇口的文化內涵與特區的移民精神。他想的是每棵樹都要把根扎進生活與現實的泥土裡去，才能伸枝展葉，開出花來。

一年後，周祺芳主編的《見證蛇口》一書出版發行，袁庚不僅參與撰稿，還為本書作跋。他認為：

蛇口這個引人注目的異數，很早就被人塗敷上烏托邦的色彩。作為對社會進行反思的獨特方法，烏托邦追求完美社會的理想永遠具有激盪人心的力量。但是若把蛇口與烏托邦等同起來，至少會產生邏輯上的麻煩，因為「烏托邦」一詞來源於「美好」與「烏有」，而蛇口則經歷了含有成功與缺失的豐富的社會實踐。

1998 年 12 月 31 日，袁庚以老邁之身乘車前往廣州，參加當年力推改革的「戰友」，深圳前市委書記、市長梁湘的葬禮。

2003 年 7 月間，86 歲的袁庚被香港特區政府授予「金紫荊勳章」。10 月，上海市人民政府授予袁庚「中國改革之星」稱號。

2005 年，袁庚 88 歲，9 月 1 日，時任深圳市委書記的李鴻忠向他

袁庚與家人遊覽黃山

頒發由黨中央、國務院、中央軍委製作的中國人民抗日戰爭勝利 60 周年紀念章。

　　2006 年，袁庚大病一場。4 月 23 日，他生日那天，蛇口工業區邀請他乘船遊覽蛇口海域。他眯縫着老眼，望望曾經留下過他身影的一灣、二灣、三灣……

　　2008 年 9 月，袁庚乘輪椅觀看了《春天的故事》大型圖片展。他對衝着他拍攝的記者大笑：你們上當了，謀殺你們的菲林了。當 91 歲的他目光落在自己 67 歲那年，與鄧小平同坐在沙發上進行彙報的照片的時候，現場的鎂光燈亮成一片！

　　他孩子般笑着。

他最後一次留在公共視線下的，是一張陽光般明亮的笑臉。

袁庚家住海濱花園小區的二樓，每次筆者採訪結束，他都堅持送到門口，下樓梯時總是叮囑：「小心摔倒，向前走，莫回頭。」一語雙關，令人回味。

漸漸地，他過着雲淡風輕的日子。平日裡他喜歡早上起來練練毛筆字，讀報。然後午休，下午 3 點起床，接着讀書看報，練字。他的古文基礎甚好，到老了依然可以大段地背誦《過秦論》《縱囚論》《滕王閣序》，記得許多唐詩宋詞，能完整地吟誦林黛玉《葬花吟》。他還會到小區裡走一走，活動筋骨，帶上巧克力冰棍，送給圍上來的小孩。畢竟年紀大了，出外老是摔跤，腿上、手臂上常出現一塊塊的瘀青。

袁庚自嘲為「老摔哥」。摔哥，與廣東話「帥哥」諧音。2010 年他摔壞了腿，韓耀根經常去探望他。他一再用順口溜鼓勵晚輩：長江後浪推前浪，英雄出自少年郎。人生百歲笑嘻嘻，九十不稀奇，八十小弟弟，七十流鼻涕……他送韓耀根到門口，也總是說：向前看，莫回頭。

他會把拐杖丟掉，給探望者們敬禮。

一個革命老人，在向所有的向前走不回頭的堅韌者致敬！

「我不是美國特務」

袁庚賦閒在家,最高興的,莫過於「風雨故人來」。

招商局、工業區新領導、老同事,逢年過節登門問候。

東江縱隊的老戰友們前來探望他。1999 年 11 月 5 日,廣東省原省長、省委書記劉田夫赴蛇口工業區參觀訪問,與袁庚回憶東縱烽火歲月,暢敍蛇口工業區開創初期的艱苦歷程。當初,袁庚向東縱戰友廣發英雄帖,希望他們的兒女能到蛇口「殺出一條血路來」,可惜沒有幾個人響應,認為一片荒涼的海灘無法讓後人施展拳腳。當蛇口一片紅火之際,許多人後悔了,囑子女投奔袁庚。他照規定辦,讓老戰友的後代一律參加考試,也是擇優錄取。

水貝村的父老鄉親也來看他。他們說,村裡有人怪罪他,為甚麼開發蛇口而不開發自己的家鄉水貝?他聽了只是笑笑。也有人提到,水貝修造死難烈士紀念碑,紀念 1945 年 10 月赴港遇難的十多位東縱隊員和他一家四口,擬把他父親、妻子、兒子、二弟的名字刻在碑上。他問那十多位烈士的名字知道嗎,回說無人知曉,他當即斷然拒絕把自己父妻子弟名字勒刻石上。他說,你們這樣做,對那些無名戰士是不公平的。他拒絕了鄉親們的好意。

中共中央書記處原書記、國務院原副總理谷牧來看望他。1978 年至 1988 年,谷牧同志作為黨和國家領導人,在中央書記處和國務院分

袁庚（右一）與當年運送炮兵的老船長屈椿華合影。
1949 年，蠔民屈椿華駕駛船隻運送袁庚帶領的炮兵團
攻打大鑊島，31 年後，老哥倆再度在蛇口相遇

管對外開放工作。

谷牧直接領導蛇口改革開放試驗，先後 18 次親臨蛇口，為蛇口穩定發展嘔心瀝血。1994 年 1 月 8 日，擔任全國政協副主席的谷牧與袁庚並排坐在招商局檔案館的長沙發上，談笑甚歡，一同瀏覽谷牧任副總理時在建立蛇口工業區文件上的批閱文字。袁庚感慨地說：「那時你還很年輕。」

1999 年 3 月 28 日，谷牧再次視察蛇口工業區，並在下榻的麒麟山莊單獨約見了袁庚，暢敘情誼。

谷牧第 18 次也是最後一次視察蛇口，是 2002 年 4 月 18 日。這天，88 歲的谷牧從北京南下看望 85 歲的袁庚，他與深圳原市委書記李灝、山西省原副省長李樺、福建省政協原副主席鄒爾均、廈門市原市長江一平一行來蛇口看望袁庚。這一次相見，距他們在中南海李先念辦公室的首次會晤，已然走過了 24 年。

這位國家領導人禮賢下士，念及舊情，不忘在改革開放最前線衝鋒陷陣的志同道合者，讓蛇口人深受感動。

後來，2008 年，谷牧在 94 歲那年完成了《谷牧回憶錄》，於次年出版發行。他在第六章「改革開放年代」裡憶及「蛇口模式」與「深圳速度」。在談及「深圳特區」時，谷牧寫道：「在這（指批准建立深圳經濟特區——作者註）之前，1979 年 2 月，國務院批准交通部香港招商局在蛇口投資辦的 2 平方公里的工業區，也作為一部分劃入深圳特區。蛇口工業區由香港招商局副董事長袁庚同志牽頭，在 1979 年 5 月破土動工，首期開發 1 平方公里。在施工中引進國外先進管理經驗，提出『時間就是金錢，效率就是生命』的口號，創造了較快的速度和較好的效益，以後被譽為『蛇口模式』」。並配發了 1984 年 4 月谷牧聽取袁庚彙

袁庚與夫人汪宗謙

報蛇口工業區開發建設情況的照片。[①]

　　即使袁庚喜歡嚼食黑巧克力,健忘症還是不可避免地來到了。他
開始對剛剛發生的事轉瞬即忘,年輕時的事還記得,現今的事記不起來
了。蛇口工業區草創時期的事還記得一些,「後袁庚時代」的事已然模
糊。2006 年 3 月底,他被確診罹患老年癡呆症。漸漸地,他不但不認
識曾經胼手胝足的戰友、同事,甚至連最親近的妻子與晚輩都不認識了。

　　在一個陽光西沉的午後,他用手比畫着,示意護工小劉備好鋼筆
和本子,放在他的膝蓋上,再把妻子汪宗謙與兒子袁中印叫來,指點
他們坐好,必須正襟危坐在他對面。他期期艾艾,欲説還休,然後,

① 谷牧:《谷牧回憶錄》,中央文獻出版社,2009 年版,第 352、353 頁。

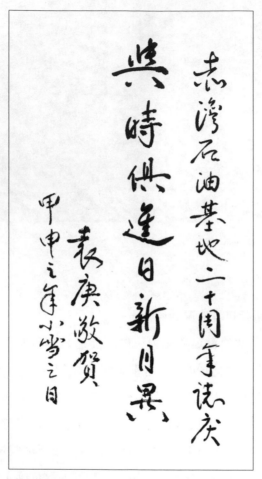

赤灣石油基地二十周年誌慶

與時供進日新月異

袁庚敬賀

甲申之年小雪之日

袁庚書法

他開口了。

「請你們來，就是為了交代我的問題，我想了很久了，這不是我的錯。」

親人們一臉驚愕地看着他，不知道他糊塗到了甚麼地步。

「我不是，不是美國特務。」他那種服從、恭順、緊張、恐懼的樣子，完全把坐在他面前的至愛親人看成是當年專案組的成員。在強大的專政機器面前，他不得不檢查、交代自己的問題。

「老袁，那些都過去了。」汪宗謙忍住悲辛，毅然阻止他的自我檢查和申辯。

「等等，你們聽我説。」他囁嚅着，唯恐他們拂袖而去。

袁中印端來一杯水，哄他：「老豆（粵語，意為父親），你交代吧，還來得及，慢慢交代。但是先喝口水，潤潤嗓子再説。」

袁庚彷彿並不糊塗：「很長，很長的事情要慢慢説。」

「不急，」兒子説，「你慢慢説。」

袁老聽話地點點頭，喝水，然後是講述，安靜地回憶自己根據中央安排與盟軍進行情報合作的陳年往事，説不到幾句，眯縫起眼睛，倚在床頭睡着了。

他的思維已經由不得他做主了。當大腦浸淫於錯愕與無序狀態時，天曉得甚麼時候倒帶，讓他清醒地回到「從前」，反覆申明「我不是特務」，交代片言隻語，恨不得交出心給組織看，表白自己對黨的忠誠，強調為人民服務造福祉的初心未改。

「我交代，我不是特務。」

當他不再回到不堪回首的冤屈，當他不能夠清楚、明白地吐出一個字，一代英豪，就如石頭一般地沉默在如血的殘陽裡。

他追求並努力在蛇口工業區營造免於恐懼的環境，自己卻在走近人生終點站的時候，還有一點點意識的時候，在恐懼中關閉了與世人交流的通道，回到了人之初的混沌的原點。

魂歸大海

2016 年 1 月 31 日凌晨 3 時 58 分,袁庚病逝於蛇口,享年 99 歲。

不好解釋,也用不着解釋,這一天,恰恰是他 37 年前走進中南海,得到李先念、谷牧贊同創立招商局蛇口工業區的紀念日。

他的後人說:「老人走得很安詳。」

九九歸一,袁老千古。

袁庚逝世後,中共中央總書記、國家主席習近平對他表達了悼念,對家屬表示慰問。李克強、劉雲山、王岐山、張高麗、江澤民、胡錦濤、汪洋、李鵬、朱鎔基、溫家寶等中央領導同志送來花圈。習仲勳夫人齊心、鄧小平後人、谷牧後人、耿飆後人也分別致送花圈。

2 月 4 日下午 4 時 30 分,時任廣東省委副書記、深圳市委書記馬興瑞,深圳市市長許勤,市人大常委會主任丘海,市政協主席戴北方,率深圳四套班子成員來到袁庚追思堂悼念袁庚同志。此前,當日下午 3 時許,招商局集團董事長李建紅、總經理李曉鵬一行已在追思堂悼念袁庚。是夜,蛇口人自發舉辦祭奠活動。在寄託「蛇口精神」的地標 —— 女媧補天石像前,在細雨霏霏中,市民絡繹不絕地前來,向袁庚遺像鞠躬,獻花,表達哀思。原凱達公司打工妹鄭豔萍回憶起袁庚對工人權益的維護,深情地說:「他尊重我們每一個人,對我們都很熱情」,說着說着淚水奪眶而出。更多人通過微信、微博等形式,對這位改革開放的先

袁庚家庭

行者表示敬意。

在追思堂，在追悼會會場上，自發前往弔唁、送別的數千名民眾中有招商局普通員工，有被袁庚「騙」來的北大、清華等院校師生，有他的追崇者，有一般市民，有東江縱隊老戰士後代。有幾個老年婦女哭得催人淚下。她們是袁庚當年接回祖國的印尼華僑。她們在「文革」時受到不公正對待，生活困難，輾轉到香港招商局尋求袁庚的幫助。當年袁庚接她們回國時說過，政府會對她們負責到底的。袁庚設法幫助這幾個人在香港找工作安身，努力踐行當初的承諾。今天，恩人仙逝，她們哭得十分傷心。

2016 年 2 月 16 日下午，深圳灣海面天低雲暗，雨冷波寒。袁庚家屬、招商局領導和員工代表從蛇口二突堤碼頭登上拖輪，經蛇口港區、赤灣港區、媽灣港區，懷着崇敬和不捨之情，沿途向大海拋灑袁老骨灰和花瓣。

海葬是袁老生前的遺願。「半生戎馬固我江山智勇雙全老戰士，一心圖強重塑民魂彪炳青史改革家」，這副輓聯準確地概括了袁庚的一生。他生於海員之家，在東江縱隊、兩廣縱隊，組織印尼撤僑，在海濱蛇口開闢工業區，無不與大海相連。「滾滾珠江南入海，灑滿伶仃春色」（袁庚《念奴嬌・登微波樓》）。今日，英魂歸海，他將與大海的波濤永遠依戀着他所鍾愛的蛇口。

袁庚逝世後，中國各大媒體紛紛在重要版面或網站重要頁面刊登悼念文章。《人民日報》發表《改革的偉力在於激發人民》。新華社刊發《世上再無袁庚　改革仍在進行》，從不同角度闡釋悼念袁庚在當下的重要意義。袁庚是先行者、探索者，他的改革推動將為後續改革者引路。

袁庚生前時常說：歷史是由後來人評說的。

海葬是袁老生前遺願

蛇口，蛇口工業區，一個地名，一段並不久遠的歷史，一個永久的符號。

1998 年，袁庚回憶創辦蛇口工業區 20 年，把蛇口比作「愛迪生的燈」：「1878 年，愛迪生在門羅帕克實驗室最初點亮的白熾燈只帶來 8 分鐘的光明，但是，這短暫的 8 分鐘卻宣告了質的飛躍，世界因而很快變得一片輝煌。最初那盞古拙的燈泡，它的纖弱的燈絲何時燒斷並不重要，重要的是它真真確確留給了人們對不足的思索，和對未來的希望。」

在習近平總書記高度評價的「中國第二次革命」的改革開放中，正是由於一批先行者、一批拓荒牛「對不足的思索，和對未來的希望」，才有了蛇口一段拓荒開墾的歷史，一個讓人不忘初心、方得始終的思考符號。

2018 年 12 月 18 日上午，在人民大會堂隆重舉行的慶祝改革開放 40 周年大會上，黨中央、國務院表彰改革開放傑出貢獻人物，袁庚榮膺「改革先鋒」稱號，獲頒「改革先鋒」獎章。

在蛇口，在海上世界文化藝術中心大樓前，2017 年 4 月 23 日，聳立起一尊袁庚全身雕像。花崗岩基座上，袁庚面對着碧波萬頃的蛇口海灣，目光深邃，興意盎然，從容邁步。

袁庚先生，你還在吟哦你的《登微波樓》詩句嗎？

極目縱橫宇宙小

探手銀河可摘

鷹掠浮雲

鷗翻怒浪

何懼風雷激

掀天揭地

方顯男兒膽識

2016.7.1 完稿於福田華明樓

2018.6.22 修訂於蛇口悠然居

2019.9.18 再次修訂

2020.7 第 9 次修訂

袁庚墨跡

相關附錄

秘密大營救

遵照黨中央要不惜任何代價，盡快把困在香港的愛國民主人士和進步的文化界知名人士搶救出來的指示，我們黨在香港的各個組織和我們東江抗日遊擊隊，展開了一場秘密大營救的鬥爭。

八路軍駐香港辦事處主任廖承志同志，十二月七日接到黨中央和周恩來同志的急電後，立即佈置應變工作。八日，正當日軍進攻九龍的上午，廖承志同志在香港召集了緊急會議，請文化界、新聞界的一些同志和朋友參加。大家分析了形勢，認為英軍不可能長期堅守，必須立即組織疏散。決定（通知）住在九龍（半島）的愛國民主人士和文化界人士，趕緊轉移到香港（島）隱蔽起來，等候下一步佈置撤退。

十二月九日，周恩來同志又急電廖承志等同志，對有關人員撤離香港的路線作了明確的指示：除了去廣州灣、東江外，馬來西亞亦可去一些；如去瓊崖與東江遊擊區則更好。到遊擊區的人員，即轉入內地，可先到桂林。接着，周恩來同志又來電急切地詢問：在香港的文化界朋友如何處置？住九龍的朋友已否撤出？與曾生部及海南島能否聯繫？周恩來同志對援救身陷危境的愛國民主人士和文化界人士，心情是多麼迫切，考慮是多麼周到啊！

摘自曾生：《曾生回憶錄》，解放軍出版社，1992 年版，第 215 頁。

配合盟軍作戰

　　東江縱隊從創建時起，就建立了一整套的情報工作，工作人員逐漸發展到二百餘人，情報站遍佈東江敵佔區，南起香港，北至廣州，東至海陸豐，西至珠江東岸。粵北淪陷後，又擴展到西江、北江。為了同歐樂義博士（又譯歐戴義——編者註）合作，向盟軍提供日軍有關情報，我們決定由袁庚組建聯絡處，具體負責與歐樂義聯繫。由於我方工作人員的努力，和付出了不少犧牲和代價（犧牲了鄭重等同志），搜集了許多重要情報，其中包括日軍啟德機場和南頭西鄉機場的圖例及說明，日軍 K 型（神風）攻擊機的全部設計圖，日軍華南艦隊的密碼和虎門地區巡邏艦艇的報告，廣九鐵路沿線和稔平半島、太平、虎門、新界等地日軍工事圖解，日軍根據琉璜島戰敗後改進的洞穴式工事構造圖，日軍第一二九師團南下全過程和作戰部署方案等重要文件，日軍在香港的機關、軍火庫、油庫、船塢和戰艦方位的詳圖及材料，等等。這些情報，都是先報請黨中央同意後才向盟軍提供的。對於我們提供的情報，盟軍認為非常寶貴，第十四航空隊陳納德少將、駐華美軍司令部，甚至華盛頓都極為讚賞，認為「第十四航空隊駐東江縱隊的情報站，是美軍在南中國最重要的情報站」。陳納德少將，第十四航空隊曲江辦事處、昆明辦事處負責人都給我們發來電報表示感謝。這些電報說：「我們對最近你們供給的特

別情報很感謝。同時寄上來的文件，被我們認為：優越，奇異。我們這裡對收到的文件表示最快慰的祝賀。」「我們對你們近來關於敵軍及其活動、駐地和番號的報告特別感到喜悅，這些情報是重要的，實際上它是有生命力的，因為它，揭露了敵人的企圖和活動，幫助我們的指揮當局取得更好的結論和計劃。」「你們關於一二九師團的報告很優越，總部致以謝意。」「華盛頓對發現一二九師團及其消息致以慶賀。」「歐樂義博士在調離情報站時給我寫了一封告別信説：你的經過袁（庚）先生的部門所做的情報工作是有顯著的成績的。對於你們曾做過的工作，我感到極大滿意，請把我的深切情意向尊敬的袁先生及他的工作人員表達。」

摘自曾生：《曾生回憶錄》，解放軍出版社，1992 年版，第 370 頁。

英國人的感謝信

先生：

　　這是一封短信，告訴你格爾拉夏和我正在做的工作，我們現在教練使用 H.G.Bren 和 Luis 機槍，同時學使用三寸口徑和二寸口徑的炮，我們享受着和我們一齊工作的人的和善的款待。我們到了這個地區，只剩下身上的衣服，而他們（「東縱」遊擊隊 —— 作者註）供給我們吃、穿、住，一點不要酬報。這些人民對斯克利維恩上尉（Capt Scriven）和他那一組人亦是同樣的款待，而且送他們到重慶去。現在斯上尉和那一組人都在那兒了。這兒是需要很多人，包括皇家工程隊（R.E.），這種人材是受歡迎的。如果任何人希望逃脫，他們將找到一個帶路者在等待着他們。對在營裡面許多人這種情報也許是無用的，並且因為這可能對和我們一起工作的人是一種危險的來源，所以請你把這個消息告訴誰時，要小心。如果營裡任何負責人希望和外界通消息，他們可能通過這些人和引導者來這樣做。我們和這裡的人民希望很多正義的人來這裡，幫忙這裡工作。我們希望我們現在仍得原來的薪俸，因為我們是在工作着。

霍支斯（Pte.D.Hodegy）J.Gallaher

1944.3.4

摘自陳禹山、陳少京：《袁庚之謎》，花城出版社，2005 年版，第 56 頁。

東江縱隊：

　　這是一封表示對你們欽敬和感謝的信，因為我在 7 月 17 日從深水埗俘虜集中營逃出來後，得到你們的幫助。在集中營時，我們得到的唯一消息是在大亞灣沿岸的一些鄉村對我們是同情的，但我是不能肯定我抵達惠州之前能否找到幫助。根據這樣的消息，我帶着足夠十天的糧食（離開）集中營，以便這會兒有充分時間來完成我的旅程，但是，由於不熟悉本地的情況，不斷地從敵人的巡邏與搜捕中僥倖逃脫，以及晚間的極端黑暗等情況下，我的旅途的遲緩是出乎意料之外。同時，極端惡劣的天氣，日夜的滂沱大雨，因而我的衣服從沒有乾過。

　　當日子一天天地過去，我的腳受了很大的創傷，而我的進程更變成了一個極遲緩與痛苦的日程。經過了 10 天有半的極端不舒服的日子，我在一條山徑上遇到了你們 3 個同志。自然，我是會被認為相當可疑的。但是，我令他們明白我是希望逃避日本人後，他們把我帶到梅花村，經過了一些詢問後，我便給你們的偉大組織的同志所照料了。

　　從那時起，我所遇到的事情好像神奇似的，我所希望的每件東西都得到了，食物、衣服、睡室，還有看護替我治理傷口，小童對我的侍候，而他能預知（到達）我的每一個願望（生活需求）。在我最後幾天選擇中，我只得（剩）極少的食物。當遇到你們的同志時，我是在非常疲乏與衰弱的情景下，如果沒有你們的幫助，我是完全不能抵達安全地方的，在這裡我希望再次向幫助我這樣多的你們表示最深的感謝。

　　你們的無畏的英勇，你們在敵人統治的地區中，冒着絕望的危

險，進行了及進行着堅決的鬥爭，而獲得任何人的景仰，而他們會完全明白你們的英勇行為的，我在你們處所獲得偉大的仁慈與殷勤的款待，我的心充滿着極真摯的、非文字所能形容的感謝。

現在我已經恢復了我的體力和健康，這是我應該離開你們重新和我國人民共同努力的時候了。我可以向你們保證，我是你們終身的摯友，而且是完全同情你們的鬥爭目標的，我的熱情的願望是：當我們的共同的敵人被逐出中國後，你們的目的能夠實現，而你們為了這目的，正創造着這樣一個偉大的鬥爭。

英海軍中尉葛榮
8 月 1 日

摘自陳禹山、陳少京：《袁庚之謎》，花城出版社，2005 年版，第 56—57 頁。

《華商報》上的證詞

第一封

親愛的曾司令：

　　我非常抱歉以前沒機會寫信給你們致謝。我們是這樣匆驟地離開，使到我只有很少的時間，甚至在這時候，時間都非常緊迫，我只得簡短地寫幾句。

　　只靠文字不能表示出我對你們為我所做的事的感激，它們太不夠了。我唯一能報答你的辦法是為你的工作而說話，這，我保證我將在每一個機會都去做。

　　幾天來旅途安好。我的步行已有進步，我相信在這次旅行之後，我能和你的士兵走得一樣的好。

　　一路上，我見到你們工作的成績，對你們能幹的組織沒有別的只有讚歎，這是另一個證據，證明了你們是站在正確的一方面，並且正確地戰鬥着。

　　我希望戰爭不久就結束，日本人都給趕出中國去，那時候你能夠繼續你使中國真正民主化的戰鬥。

　　你們的戰鬥可能是艱難的、長期的，但是一分鐘都不要失望，世界上所有善良的人民將擁護你們，並且你們的努力一定獲得成功。

　　我希望戰後能回到中國來，並看到中國在向和平幸福的路上前進，看到她獲得在世界各國間她所應得的位置。

克利漢
美國海軍後備隊少尉

第二封

曾司令：

再給你一封短信致謝一切。

你的人員已安全護送我們。旅途上我唯一的憂慮是我會不會跌到泥沼裡去。

我把我的槍、子彈和佩刀送給你，希望對你有些幫助。那不是甚麼禮物，對你給我的照顧我是沒辦法報答的。

在十四航空隊中，我的聲音只是微小的，但是在我回去後，它將充滿着讚歎，我將盡力為你和你們獲得一些幫助。

你一定相信我如果回到廣州的時候，我會盡一切努力來見你，對這我是很希望的。祝你和你的夫人好！並祝你們勝利及愉快繁榮的和平。

伊根

第三封

親愛的曾司令：

我和你的遊擊隊伍已經走完了我的路，明天佈置把我們轉交給駱鳳翔去，也已辦妥，他將護送我們到達目的地，一個駱的軍官將陪伴我們去，他叫盧振國。

再一次感謝你。

你的氈和克利漢的外衣都送回了，它們使我們很舒適。祝好，並謝謝！

　　　　　　　　　　　　　　　　　　　　伊根・克利漢

第四封

親愛的曾夫人：

　　有三件事使我覺得很不安：（一）我不得不走了；（二）我不能講中國話，你不能講英國話；（三）我和你見面太少了。

　　無論如何，人們在說再會的時候，他們總是可能再見的，我們不能互相講話，但是我們仍然相信，我了解你的，雖然我沒時常見到你，但我們和你見面的幾次都是愉快的。

　　美國是像你丈夫一樣的男人和像你一樣的女人所構成的。它現是一個大國了，但是我們亦曾經有一次要向我們的壓迫者作戰過。那時候我們的士兵是很困難的。他們沒有訓練，沒有好的槍，他們遭受飢寒。可是他們的勇敢和對祖國的愛給予我們以今天我們所享受的自由和繁榮。希望你們將來亦是這樣。

　　明天我要離開遊擊隊的照料了。這是我有一瞬寫信時間的最後一次機會。我預期那一天我能見到你和你的丈夫並且和你握手。

　　並致誠摯的感謝和最高的好意

　　　　　　　　　　　　　　　　　　　　　　　　伊根

第五封

親愛的黃先生（黃作梅——作者註）：

我抱歉沒有充分時間寫一封信足夠表示對你為我所做的一切的謝意。可是，我要盡力做到。

我整個逗留在這裡的時間是對我的一段奇異的教育，並且使我能夠對我們所並力為她作戰的真中國獲得一幅明朗的圖畫。它給予我一個我所永不懷忘的經驗，對這我將永遠感激。

對於你們的人員，你們的司令和你自己，對於你對自己工作的能幹的處理，我沒有別的只有深切的景仰。當然對於那些貢獻着生命給他們的國家的人們，除了完全成功之外，沒有甚麼獎賞是適當的。

我確信抗日戰爭不久便會結束。可是就你們來說，你們的真正工作只是剛剛開始，因為那工作是一個團結的中國，在那裡每一個人能獲得平等的機會安居樂業。

對你們抗日戰爭的和建立新中國的成就，我寄以一切可能的祝福。

我希望在將來的某一個時候能夠再回到中國，在更好的環境中來重溫我們的友誼。

到那時候，你可以相信無論我到甚麼地方我將報告你們的情形，並熱烈地期待着你們向完全成功的目的邁進的消息。

克利漢
美國海軍後備隊少尉

第六封

　　把我的感情寫成文字的困難使我很難寫這最後一封信。和共產黨遊擊隊住在一起是快樂和得到教育的。在和你們的可喜的短促的相聚中，我曾見過真正的中國人，並且增加了我對他們和他們的國家的尊敬，如果這是可能的話，我希望我離開的朋友會記着我，並且希望我們如能在甚麼地方再見。在十四航空隊的工作人員中，共產黨遊擊隊有很多的朋友和同情者。那數目最少在過去幾星期間增加了一個。

　　我感激曾司令和他的人員，我並希望他們在建立強大的新中國的努力上得到一個可能的成功。

你們的朋友
伊根空軍中尉

摘自陳禹山、陳少京：《袁庚之謎》，花城出版社，2005 年版，第 66—71 頁

特殊歲月

　　開始的第一天，我仔細地在地上尋找着、觀察着那些小生命不停來回奔走尋找食物。第二天，我就特意留下一點窩窩頭屑，等着它們來吃。就在這時，我發現了感人的一幕：一隻螞蟻發現了食物，但只是用觸角碰了碰，就立即返身跑回去通知同伴，然後，整隊螞蟻一起把那塊窩窩頭屑搬回家共享。最出乎我意料的是，當時沒有一隻螞蟻有私心，自己去偷偷地咬一口，而是原封不動一起搬回家，而且搬的時候都那麼齊心協力、那麼團結一致。

　　在接下來的日子裡，我每天都會留下一點窩窩頭屑給它們，每次它們都是那樣，沒有私心，團結一致。之後，我還發現如果有的螞蟻快死了，它會自己走到巢外，而不會把屍體留在巢裡，這也許是為了把空間留給別人。從那時起，我對螞蟻就有了一種特別的敬意，我認為螞蟻是世界上永遠不會消亡的小動物，因為它們沒有私心，團結一致。在這個世界上，只要沒有私心、團結一致，甚麼都能辦成。

　　摘自 2004 年 8 月 15 日《南方日報》《袁庚：千萬別說沒有袁庚就沒有蛇口》一文。

歷史的經驗需要認真總結

　　那是 1978 年 12 月，中央收到交通部和廣東省的聯合請示報告。他們要求在當年還稱作寶安縣蛇口人民公社境內，劃一兩平方公里，由交通部香港招商局舉辦工業區。報告説，這樣做可以發揮我們勞務、土地的優勢和招商局長期從事海外經營的優勢，引進利用國外的資金、技術，促進工業的發展。據悉，此建議的主要創意者，是時任招商局副董事長的袁庚同志。那時，全黨全國正在為如何醫治十年「文革」動亂造成的創傷，把國民經濟搞上去，廣泛深入地進行思考和討論。這項頗有見地的建議，很快得到中央、國務院批准，並由袁庚同志主辦其事。翌年春天，即破土動工。

　　1979 年 7 月，中央、國務院按照鄧小平同志的倡議，做出創辦深圳、珠海、汕頭和廈門四個經濟特區的重大決策。蛇口工業區被劃為深圳經濟特區的一個重要組成部分。我當時在中央書記處和國務院分管經濟特區和對外開放，深圳、蛇口是我常去的地方，經常與袁庚等同志研究工作，討論問題。蛇口工業區的創始、成長和不斷壯大的整個過程，我比較熟悉。我對那裡有着深厚的感情。

　　在我國社會主義改革開放和現代化建設中，經濟特區是「排頭兵」。在特區中，深圳發展的速度最快，達到的經濟規模最大，功能和作用發揮得最為顯著。在深圳特區裡，蛇口工業區銳意開拓，刻

苦實踐，一馬當先，產生了不少「首創」和「第一」。「時間就是金錢，效率就是生命」這個口號的提出，以及它包含的新觀念、新辦法、新作風，在全國得到廣泛認同。「蛇口模式」給人們以深刻啟迪。這些，都是不爭的歷史事實。袁庚這位參加過抗日戰爭和人民解放戰爭的老同志，在改革開放中又立了新功。由他牽頭的蛇口工業區的建設者和經營者們，在我國新的歷史時期，做出了重要貢獻。當然，舉辦密切聯繫國際市場的工業區，是新事物，它有個從稚弱到比較完善的發展過程；當事人的知識經驗，也需要在實踐中不斷積累。因而，在蛇口工業區前進的歷程中，也存在一些難以避免的缺陷，甚至一時的和局部的偏差。對這些進行認真總結研究，以為現時和今後的借鑒，是十分必要的。

摘自谷牧：《歷史的經驗需要認真總結》，載鞠天相：《爭議與啟示 —— 袁庚在蛇口紀實》，中國青年出版社，1998 年版，第 1 頁。

招商局和蛇口工業區

　　招商局是我國近代設立最早、規模最大的航運企業，它於一八七二年三月開始籌辦，一八七三年一月十七日正式對外開局營業。招商局的設立，開創了中國民族航運業的先河，打破了外國航運業對中國江海航運的壟斷，使中國的輪船活躍在祖國最大的內河長江和近海，出現在東亞、南亞港口，並橫渡太平洋、大西洋，遠航英美等國。招商局還將它的經營範圍逐步擴大到許多經濟領域。當第一批中國近代企業相繼創辦時，招商局進行數額不等的投資，包括開灤礦務局、上海機器織布局、中國通商銀行、漢冶萍鋼鐵煤炭公司等。招商局在舊中國走過了七十七年的坎坷歷程，一九四九年五月，中國人民解放軍解放上海，上海市軍管會接管了招商局，招商局從此成為人民的企業。

　　一九七八年九月，交通部黨組決定由我兼任香港招商局董事長，我提議由交通部外事局局長袁庚擔任常務副董事長，主持招商局的日常工作。袁庚同志在抗日戰爭期間擔任過東江縱隊的聯絡處長，在解放戰爭期間擔任兩廣縱隊司令部作戰科科長、炮兵團團長，是一位經過考驗，有膽識、有能力的幹部，我相信他能把招商局的事情辦好。

　　為了貫徹黨中央對港澳「長期打算，充分利用」的方針，交通部

黨組於一九七八年十月研究確定了香港招商局經營的方針：「立足港澳，背靠國內，面向海外，多種經營，買賣結合，工商結合」，以便加強我國在港澳的經濟實力和發展遠洋運輸事業。

在黨的十一屆三中全會之後不久，招商局根據黨中央「對外開放、對內搞活」的經濟政策和香港招商局的經營方針，提出了籌建工業區的構想。一九七八年十一月二十二日，袁庚在廣州把這個構想向廣東省革命委員會副主任劉田夫介紹後，劉田夫同志立即表示予以支持。十二月中旬，葉飛同志出國考察回國路經香港時，聽取了袁庚的彙報後，亦當即表示支持。十二月十八日，葉飛同志和我在廣州與廣東省革委會副主任劉田夫、王全國商談籌建工業區的問題，國家經委副主任郭洪濤和招商局的同志參加了會議。在會上主要討論了工業區地址的選擇和初期用地面積；原材料、產品購銷和國外技術人員進出工業區；初期所需非技術工人數額等問題。劉田夫同志的態度很積極，他表示：凡是在廣東省革委會的權力範圍內能解決的問題省革委會負責解決。關於工業區的地址，商定到寶安縣的沙頭角、蛇口、大鵬三個公社實地察看後，根據三處的地理、經濟條件及水電供應情況再作決定。接着招商局和廣東省革委會辦公廳的同志，先後到了蛇口、沙頭角、鹽田、大鵬地區進行了實地考察，他們認為選擇蛇口興建工業區有利條件較多。劉田夫同志和我聽取了彙報後，都同意這個選擇。我們研究並起草了由廣東省革委會和交通部聯合向國務院的報告，我作了一些修改，經廣東省革委會劉田夫等同志同意後，即派專人送到北京交通部，葉飛同志審閱後，召開部黨組會議通過，於一九七九年一月六日上報國務院。

一月三十一日，李先念副總理批准了我們的報告後，交通部派

出一名總工程師帶領了一個三十四人的工作組，於二月十一日到蛇口進行實地勘察，擬定了工業區的總體規劃和「五通一平」（通水、通電、通航、通車、通信、平整土地）的工程方案，認真研究了第一期工程的各個項目。二月二十八日，招商局和廣東省公路勘察規劃設計院、交通部第四航務工程局簽訂了蛇口工業區「五通一平」設計的委託書，開始了蛇口工業區的籌建工作。在籌建過程中，葉飛同志還多次邀請黨中央、國務院領導同志到蛇口視察，取得黨中央、國務院領導同志的支持。

我作為交通部第一副部長兼招商局董事長，自應責無旁貸地大力抓好蛇口工業區的開發工作，落實黨中央和部黨組的決定。為此，我三次到蛇口進行調查，並組織有關人員座談，聽取有關專家的意見。

在一九七九年春，我國對如何對外開放，引進外資來開辦工業區還沒有現成的經驗。在這樣的情況下，我們在蛇口開辦引進外資的工業區，是要冒很大風險的，沒有開拓精神是不敢這樣做的。引進外資必須解決「五通一平」，創造良好的投資環境，這就需要大量投資。投入了大量資金，如果外商不來辦廠，就收不回投資，在我國資金短缺的條件下，是一個很大的問題。當時，社會上以至交通部內對我們開發蛇口工業區的做法議論紛紛，有的同志認為交通部是搞交通運輸的，搞工業區是不務正業。在葉飛同志調離交通部後，這種議論就更多了，主管工業區開發的袁庚同志面臨着很大的壓力，一度使工業區的籌建工作受到影響。我接任部長職務後，繼續執行黨組的決定，排除各種議論，堅決支持招商局把工業區辦下去，明確指出必須全力辦好工業區，支持袁庚同志的工作。指出袁庚同志

有水平、有能力，工作是勝任的，籌建工作是有成績的。並要求交通部有關單位，把支援工業區的開發工作做得更好。隨着工業區的籌建不斷取得進展，各種議論也就逐漸少了。

在開發建設過程中，招商局蛇口工業區的拓荒者們頂住壓力，集中主要資金，以極大的決心和毅力進行了艱苦卓絕的工作，終於在八平方多公里的土地上興建起三百家三資企業（即中外合資經營企業、中外合作經營企業、外商獨資經營企業）。昔日的一片荒灘禿嶺，如今變成廠房星羅棋佈，高樓鱗次櫛比，港灣桅杆林立，水陸交通四通八達的現代化海港工業城。蛇口工業區的開發被社會輿論譽為「蛇口方式」，成為黨的十一屆三中全會以後一個率先對外開放的窗口。

摘自曾生：《曾生回憶錄》，解放軍出版社，1992 年版，第 749—753 頁。

記憶‧理想與愛迪生的燈

　　倘若人類不是有健忘的弱點，這個世界一定比現在繁榮、健康得多。

　　我在 1973 年剛從煉獄返回人間那段日子，常於北京西郊頤和園附近騎車代步，感覺到撲面而來的季風裡迴旋着自由的因子，荷紅柳綠的景色中流溢着超脱的悠然。冷不防，風馳電掣的轎車擦身而過，又絕塵而去，讓驚惶閃避的騎車人備受輕蔑與壓抑，那時，我着實痛恨車中顯貴的霸道與世事的不公。

　　不久後我恢復了工作，有了自己的「衙門」和專車。當我行駛在同一路段上，瞧着窗外的自行車竟像一股濁流，那種視而不見、充耳不聞的遲鈍與混亂無序，豈不就是這個國家積重難返的象徵？

　　感謝上蒼，我還不至於把昨日握把蹬輪時的心境遺忘得一乾二淨，隨着鏡頭的切換，我感到一陣如芒在背的愧赧。

　　數代人多少年來為之奮鬥的「人類的解放與自由」，其應有之義究竟如何，恐怕如我等尋常之輩已難以説清。但是反省我們經受的種種苦難和不幸，每每發現毛病不是出在信念與視野，就是出在脊樑與胸襟；換言之，由於長期忽視人的多種需求和全面發展，鑄成了苦澀與動盪的根源。被時下諾基亞電話機「以人為本」的廣告撩撥得心動的人們，可能不記得馬克思設計的社會主義有這樣一條主要

原則：要讓每個人得到充分自由的發展。

　　遭受十年浩劫摧殘的中國大地一片沉寂，沉寂得能聽見新生命的種子發芽的聲音。20 年前一場春雷甘雨，蛇口工業區誕生了。她頗像一個喜歡沒完沒了提出問題又親嘗屢試的孩子，從總設計師「甚麼事情總要有人試第一個，才能開拓新路。試第一個就要準備失敗，失敗也不要緊」的教導汲取了巨大的精神力量。由於觸發了思維定式的改變和傳統觀念的更新，許多人驚異於她的熱誠與直率，也未免有人蹙眉於她的活潑與任性。蛇口發生的社會變革的實質，可以說是為優化人的生存空間、激發人的創造精神所作的認真探索，一系列改革的試驗與對人的逐步完善的關心互為因果，終於展現出一個較為理想的社會的雛形。一位著名學者以「人的狀態」這樣來表徵一個社會的健全程度：「每個成員充分發展其獨立性，知道善與惡的區別，能夠自己作出選擇，有信念而不僅僅有意見，有信仰而不是有迷信或模糊不清的希望……」對此我頗有同感。

　　蛇口這個引人注目的異數，很早就被人塗敷上烏托邦的色彩。作為對社會進行反思的獨特方法，烏托邦追求完美社會的理想永遠具有激盪人心的力量。但是若把蛇口與烏托邦等同起來，至少會產生邏輯上的麻煩，因為「烏托邦」一詞來源於「美好」與「烏有」，而蛇口則經歷了含有成功與缺失的豐富的社會實踐。

　　有先哲說過：如果人類的祖先沒有理想，今天的我們就會依然蜷縮在樹上或者山洞裡，身上裹着樹葉或者獸皮。

　　可惜總有人把先人不滿於現狀的奮爭也連同山洞、獸皮的感受一塊兒忘卻，又無心重溫自己兒時的美夢，於是便會對身邊的革故鼎新不以為然，甚至側目而視，挑剔求全。這種人接受不了「想像力

比知識更重要」這樣的「怪論」，其實——我一天比一天體會到——
這是何等睿智的思想！

革命先行者孫中山先生為求中國之自由平等，104 年前上書李
鴻章時就曾指出：「……固患於能行之人少，而尤患於不知之人多；
國家每舉一事非格於成例，輒阻於群議，此中國之大病源也。」依我
之見，多回憶早年樸素的感受，有對符合天性的退思奇想加以寬容
的效果；有這點寬容，自然於個性的創造有利，「大病源」不說根治，
至少不會再在急待呵護的國土上肆虐了。

1878 年，愛迪生在門羅帕克實驗室最初點亮的白熾燈只帶來八
分鐘的光明，但是，這短暫的八分鐘卻宣告了質的飛躍，世界因而
很快變得一片輝煌。最初那盞古拙的燈泡，它的纖弱的燈絲何時燒
斷並不重要，重要的是它真真確確留給了人們對不足的思索，和對
未來的希望。

摘自袁庚：《記憶·理想與愛迪生的燈》，載周祺芳主編：《見證蛇口》，
花城出版社，1999 年版，第 328—330 頁。

難忘的一年零三個月

　　就在這個時候，交通部調袁庚到香港招商局工作。袁庚有股衝勁，他敢說敢幹。而我們在香港待久了，思想受到束縛，都膽小怕事。1978 年 12 月份，我們開了一個黨委會，當時遠洋公司和招商局是一個黨委，我是黨委委員。袁庚談到國內外的形勢，談到招商局的發展問題，思路非常開闊。袁庚認為，香港的發展如此之快，而我們國內有充足的土地和人力資源，為甚麼別人能幹我們不能幹。我們說要幹就要問總公司，我們一無錢二無權，想幹也不行。但大家感到袁庚決心很大，就紛紛發表意見，把埋在心裡多年的想法談出來。袁庚問我們怎麼幹？我們說，怕幹不好，又怕賠錢，我們就幹有把握的。當時有把握的是與船相關的事。招商局和遠洋公司都是搞航運的，搞船的。我們提出來搞修船拆船廠，那是我們的強項，我們有把握，國內也有優勢。遠洋公司和益豐公司有一百多條船，與其在香港修，不如到內地修，內地土地和勞動力都比香港便宜。會上，大家一致同意袁庚的意見，到國內去尋求新的發展機會。

　　到內地去發展，對我們個人來說，既可以幹點事業，又可以擺脫在香港無事可做的尷尬處境。黨委決定，先派調查組到國內沿海地區尋找發展地址。我與金石、朱士秀、陳松、張鳴、許康樂等到寶安縣的蛇口、鹽田、大鵬選址。因為設想主要搞與航運相關的項

目，選址時就專門請來友聯船廠的陳松船長、遠洋公司的張鳴等人。當時金石同志身體不大好，我就和陳松去爬山頭。蛇口沿海的幾個山頭我們都去看過，我們還借來小船，由蛇口小船廠的一位老工人帶領到海上測量水深。我們看後覺得，蛇口甚麼都好，就是水淺，淤泥多。淤泥對蠔民來說最適合養蠔，但不適合停靠大船。這樣，我們又一路到了大鵬灣一帶，後來又到了鹽田。看了這兩個地方，總覺得大鵬、鹽田還不如蛇口。陳松乘坐招商局的交通艇測算過蛇口至香港的距離，就二十七海里，開船從香港招商局碼頭出來，一個多小時就能到蛇口。在蛇口開辦工業區的條件相對好些。

摘自張振聲：《難忘的一年零三個月》，載周祺芳主編：《見證蛇口》，花城出版社，1999 年版，第 15 頁。

袁庚的「夢」

1982 年初春，一個星期天的早晨，六十多歲的袁庚在女兒的陪同下，從北京西苑騎自行車到了清華園。他敲開了我所住的學生宿舍的門，自我介紹：「我是袁庚，是前些日子在你們清華大學招聘學生去南疆的招商局的負責人。」……學生宿舍沒有接待客人的空間，袁庚跟我就在學生宿舍一號樓前露天的長椅上進行了令我終生難忘的一次談話。他說：「中國目前的體制，就像一筐互相鉗住的螃蟹，你鉗住我，我也卡住你，誰也動不了，誰也不想動……」初春的北京，外面還有些寒意，凍得我裹緊了外衣。但袁庚卻像一把火，那麼慷慨激昂，那麼有熱情。

我在這種熱情的感染下，來到了蛇口。我也目睹和親自參與了袁庚帶着這樣的熱情，在蛇口進行的一系列改革。

1982—1986 年之間，蛇口工業區進行了包括住房制度在內的一系列改革，蛇口工業區成為中國改革開放的試管，為中國的社會主義市場經濟的建設作了初步的探索。蛇口工業區飛速發展。

最初給我印象的是住房制度的改革。蛇口首先大幅度提高了職工住房的租金，鼓勵職工買房。那時，每月的房租相當於當時福利房八年分期付款每月需付的本息，房租佔了雙職工收入的 20% 以上。改革之後，蛇口職工分房再也不用領導討論，分給誰，不分給

誰；更見不到說情、訴苦、批條子的現象。人們常常可以看到，經理人員，甚至工業區領導層的住房比一般職工小，或比他的司機的住房面積還小，裝修就更差了。當時，工業區一位黨委副書記，住在二樓，二房一廳，因為他家人口少，孩子又小，二房一廳就夠了。多一間房就要多付一大筆租金，沒有必要。而他的司機，住在對面二樓，是三房一廳。後來工業區進一步改租為售，讓職工以低於成本的價格買住房。最後發展到全成本售房和微利價售房，在全國率先進行了住房制度改革。緊接着，其他改革也陸續展開。

工資制度改革。改變了平均主義大鍋飯式的工資制度，建立了以能力、效益為標準和原則的工資制度，真正體現了社會主義最基本的分配原則——「按勞分配」的原則。

幹部制度改革。蛇口工業區在國內第一次提出公開招聘幹部，並取消了幹部的行政級別，任用幹部不靠資歷靠能力，使幹部能上能下，人盡其才，各盡其能。

……

這些改革是對束縛生產力發展的現行體制的突破，也是蛇口工業區能在國內率先進入市場經濟的基本條件。蛇口這個微小的試管開始產生巨大的作用。

摘自顧立基：《袁庚的「夢」》，載周祺芳主編：《見證蛇口》，花城出版社，1999 年版，第 111 頁。

蛇口精神　永礪「平安」
——「平安保險」初創期的一段回憶

　　平安保險從蛇口招商路上一間不起眼的小門面開業，到今天成為中國第二大保險公司，已經歷了十個春秋。在蛇口度過的那一段初創期，之所以令平安人刻骨銘心，正是因為在那裡，平安保險不僅僅承受着「胎兒分娩期」必然的陣痛刺激，而且也經歷着「幼兒成長期」難免的坎坷考驗。在蛇口精神的激勵、感召下，平安人開始了一個充滿艱辛而又充滿希望的創業歷程。

艱難起步尋求突破

　　最初提出組建平安保險想法只是出於一個很偶然的契機。

　　從 1985 年開始，作為中國「改革試管」的蛇口已開始觸及金融領域的改革。1985 年 10 月，蛇口社會保險公司成立，初成立的社會保險公司在開辦社會保險的同時，也嘗試着擴大社會保險的範圍，開發工傷保險，對此，深圳市人民保險公司提出異議，他們認為按當時法規，工傷保險屬於商業保險的範疇，若要從事此項業務，必須重新申請執照。雖然當時我們都感到受到挫折，但年輕人的思想

總是不甘寂寞的，聯想到香港招商局曾於 1885 年在上海成立第一家名為「仁濟和」民族保險公司的歷史，我們突發奇想，既然不能擴大保險的範圍，100 年後我們招商局可否重操舊業，成立一家新體制的保險公司。當我們把自己的想法向當時香港招商局的常務副董事長袁庚作了彙報後，袁庚同志當即表示非常支持，並親筆寫信給當時國務院財經小組副組長張勁夫、中國人民銀行行長陳慕華、副行長劉鴻儒等領導，詳述成立平安保險的必要性。拿著袁庚同志的親筆信，我和工業區管委會副主任車國保一道去北京拜見了張勁夫。張勁夫也表示十分支持，並隨即把袁庚的親筆信批轉給了陳慕華行長。

雖然我們的方案一開始就得到了一些領導的大力支持，但在剛剛改革開放不久的中國，要成立一家新的保險公司還是有相當大的困難，現存的許多問題亟待解決，大量艱苦的說服工作還等待我們去做。

首先，當時的輿論對我們十分不利，國內金融界的許多人士，都認為根據當時國內的金融法規和經濟環境，還不具備成立第二家保險公司的條件；另外，1985 年剛剛頒佈的《保險企業管理暫行條例》對新保險公司的成立也作諸多限制：新保險公司不能從事法定保險、各種外幣保險業務；另外，作為地方保險企業只能經營該地區的地方國營企業的保險，由於當時的國營企業普遍缺乏必要的資金和保險意識，這使得新成立的保險公司獲得保費收入的空間很小。同時，根據當時的法規，新成立的保險公司也無法獲得再保險資格，作為一家保險企業，若沒有再保險、沒有一定的分保能力是不可想像的，不但無法分散風險，而且也無法取得客戶的信任。

面對這種困難的局面，招商局的江波總經理後來在一次會議中也承認，當時就連他本人也認為那時要成立一家新保險公司的難度很大，但出於對我們這批年輕人的熱情的欣賞，他當時才表示支持，允許我們作些嘗試。

　　摘自馬明哲：《蛇口精神　永碼「平安」》，載周祺芳主編：《見證蛇口》，花城出版社，1999 年版，第 228 頁。

深圳蛇口工業區建設速度快

　　新華社記者宮策、張洪斌報道：廣東省深圳經濟特區招商局蛇口工業區以特有的經營方式，用不到兩年時間，在一片荒蕪的海灘上，完成了整個工業區的基礎工程和公用設施的建設，開始了一系列工廠企業的建設。蛇口的經營方式引起了人們的廣泛注意，人們稱它為「蛇口方式」，意思是指它擺脫了企業變成行政機關附屬物的「政企不分」狀態，充分發揮企業自主權，運用經濟辦法進行建設。

　　1978年，香港招商局鑒於祖國四化建設的需要，向國家提出一項建議，要求利用自己的資金和管理經驗，在深圳地區開發工業區，直接參加國家的四化建設。這個設想，得到了中央的讚揚和鼓勵。1979年初，國務院正式批准招商局到深圳開發工業區，獨立經營。國務院的決定2月份下達後，招商局立即組織精幹的指揮部，於5月份進入蛇口地區勘察選址，組織施工隊伍，8月份正式破土動工。

　　蛇口工業區的建設迅速展開，工業區指揮部始終保持着精幹的機構。指揮部在荒灘上搭起活動房，從總指揮到技術人員和工人，大家吃住在一起。他們背着水壺，冒着酷暑，跋山涉水，勘測地形，組織施工，艱苦創業。

　　工業區的開發，是按照合理的程序，首先從「五通一平」（通路、通水、通電、通航、通信和平整建築用地）基礎工程開始的。在1

平方公里的工地上，有 4000 多工人、近 20 個工程同時施工。在一年零九個月的時間內，基礎工程基本完工。

在進行「五通一平」基礎工程的同時，按照國家規定的優惠條件，引進了 14 個項目，總投資額達 5 億港元。其中有貨箱廠、軋鋼廠、鋁材廠、麵粉廠、油漆廠、製氧廠、機械翻修廠、遊艇廠、標準廠房、別墅、餐廳、外商住宿區等。現在，1 個工廠已經建成投產，2 個即將竣工投產，順岸碼頭已開始營業，有 9 個工廠企業正在建設中。與此同時，還建造了辦公樓、食堂、職工住宅等。蛇口的面貌每天都在變化。

工業區對投資辦企業創造的優良條件，對外商、港商產生了吸引力。1980 年，有美、日、英、西德、澳大利亞等 18 個國家的客人和港澳同胞 1300 多人，前來參觀或洽談生意。

新華社 1981 年 6 月 16 日電

袁庚個人大事年表

1917 年 4 月 23 日

原名歐陽汝山，小學畢業證書上改用歐陽珊，入黨後改為袁更，20 世紀 50 年代初在出國護照上誤寫為袁庚，一直沿用至今。袁庚出生於廣東省寶安縣大鵬區王母圩水貝村中和里（現深圳市大鵬新區水貝村）。父親歐陽亨，海員。母親袁燕，家庭婦女。

1923 年　6 歲

在水貝村私塾讀書。

1924 — 1925 年　7 — 8 歲

就讀於水貝村松山小學。

1925 — 1930 年　8 — 13 歲

在大鵬區王母圩新民小學讀書。小學畢業證書改名為歐陽珊。

1931 年　14 歲

赴廣州遠東學校補習，9 月，以「會考」第八名的成績進入廣東省廣雅一中讀書。

1934 年　17 歲

7 月，初中畢業，考入「地政人員養成所」之後回鄉完婚。女方名陳碧仙。

1935 年　18 歲

8 月，畢業後分配到南海縣石灣第四十測量隊當測量員（兼繪圖）。

1936 年　19 歲

8 月，考入中央陸軍軍官學校廣州分校。

1937 年　20 歲

兒子歐陽天羽出世。

8 月，七七事變後，軍校人心渙散，因對時局失望遂返回鄉下。

9 月，應母校大鵬新民小學校長王仲芬之邀，在該小學代課，開始參加抗日救亡活動，成立沿海青年抗敵後援會，被推舉為負責人。

1938 年　21 歲

被新民小學校長王仲芬正式聘為教員。同年，參加大鵬抗日自衛大隊。

1939 年　22 歲

任大鵬區區立第一小學校長。

3 月 27 日，加入中國共產黨，為了不連累家人，跟隨母親姓，改名袁更。「更」，意為「更改」。

11 月，被調到惠陽抗日遊擊大隊工作。後任軍事教員。

1940 年　23 歲

3 月至 9 月中旬，隨惠陽遊擊大隊與東莞大隊東移至海陸豐地區，後回東莞參加黃譚戰鬥。

1941 年　24 歲

年初，被惠寶人民抗日遊擊總隊隊長曾生派到東莞寶太線上去開展工作。

7 月，與東縱隊員張嫦結婚。同年底，開闢一條地下航路，打通了內地與香港新界之間的水上交通要道，為遊擊隊秘密運送藥品。

1942 年　25 歲

3 月，調離東莞到大亞灣沿海的護航大隊任副大隊長。

1944 年　27 歲

5 月，奉命調至東江縱隊司令部工作。

6 月，曾生臨時派袁庚到大鵬半島統一指揮東縱的一支部隊和當地稅收站。

8 月，根據黨中央指示，東縱成立聯絡處，袁庚任聯絡處處長，負責對日軍的情報工作。情報組織從 4 人迅速擴大到 200 多人。

1945 年　28 歲

9 月，臨時被授予上校軍銜，和黃作梅一起被派往香港，與英方就港九遊擊隊撤離九龍半島問題進行談判。在香港彌敦道設立東縱駐港辦事處，任職辦事處主任。該辦事處為新華社香港分社前身。

10 月，妻子陳碧仙、父親歐陽亨、二弟歐陽汝川帶着他 8 歲兒子歐陽天羽赴港，返回途中船隻爆炸，一家四口遇難。

11 月底，被調回東縱部隊指揮部。

1946 年　29 歲

5 月，被臨時抽調至東縱部隊北撤籌備組工作。

6 月，隨東縱部隊北撤至山東煙台。

10 月，入華東軍政大學學習。

1947 年　30 歲

5 月，結業於華東軍政大學。分配到三野二縱隊四師參謀處見習，名義上是參謀處副處長，參與了南麻臨朐戰役和昌 (平) 濰 (坊) 戰役。

同年夏天，與張嫦辦理離婚手續。

1948 年　31 歲

兩廣縱隊成立，任縱隊偵察科長，後為作戰科長。

9 月，參加濟南戰役。

11 月，參加淮海戰役。

1949 年　32 歲

兩廣縱隊成立炮兵團，任炮兵團團長。

9 月，兩廣縱隊炮兵團沿湖北、江西，進入粵境，解放了沿海島嶼。

10 月，解放大鏟島。

11 月，解放三門島前夕，奉命調至中央軍情部參加武官班受訓。

1950 年　33 歲

4 月，作為情報與炮兵顧問，奔赴越南援越。後參加越南高平戰役。

1951 年　34 歲

奉調回國。

8 月，參加高幹班學習，聽蘇聯情報顧問講課。

1952 年　35 歲

9 月，結束高幹班學習，與同機關的汪宗謙結婚。

隨後，外派到印度尼西亞雅加達任中華人民共和國駐雅加達領事。

1955 年　38 歲

2 月，兒子袁中印出生。

4 月，周恩來總理赴雅加達參加「亞非會議」期間，負責情報組織工作。

1957 年　40 歲

大女兒袁尼亞出世。

1959 年　42 歲

9 月，任中央調查部一局二處處長。

1960 年　43 歲

6 月，小女兒袁小夏出生。

1961 年　44 歲

任中央調查部一局副局長。

1963 年　46 歲

4 月，派往柬埔寨，參與破獲國民黨暗殺劉少奇的「湘江案」。

1965 年 8 月—1966 年 5 月　48 — 49 歲

在河北省定興縣五里窰公社參加「四清運動」。

1966 年 6 月—1967 年 5 月　49 — 50 歲

抽調至外辦、僑委、外交部、交通部等單位組成的接僑辦公室工作，被指派為接僑小組長兼光華輪黨委書記，往返印尼接僑。

1967 年　50 歲

6 月，回中央調查部機關工作，並參加「文革」運動。

1968 年　51 歲

4 月 6 日，被拘捕，囚禁於秦城監獄。

1973 年　56 歲

9 月 30 日，在周恩來的過問下，被釋放回家。

1975 年　58 歲

10 月，恢復工作，調任交通部外事局負責人。

1978 年　61 歲

6 月，受時任交通部部長葉飛委派，赴香港調查兩個月，起草了一份《關於充分利用香港招商局問題的請示》報告，經交通部黨組討論後於 10 月 9 日上報中共中央和國務院。

10 月，被任命為交通部所屬的香港招商局常務副董事長，主持招商局全面工作。

12 月，向葉飛呈報招商局發展計劃，提出在廣東設立後勤基地。

1979 年　62 歲

1 月 31 日，中共中央副主席李先念、時任國務院副總理谷牧接見交通部副部長彭德清與袁庚，聽取關於招商局在廣東寶安建立蛇口工業區的彙報。當袁庚彙報到要求在蛇口劃出一塊地段作為招商局的工業用地時，李先念當即批示：「擬同意。請谷牧同志召集有關同志議一下，就照此辦理。」

2 月，中共中央調查部委員會為袁庚平反並恢復名譽。

1980 年　63 歲

3 月，蛇口工業區建設指揮部改組，袁庚出任總指揮。在蛇口工業區人才問題上實行「擇優招雇聘請制」。同月，開始運作開發赤灣。

12 月 13 日，中共中央總書記胡耀邦接見袁庚，聽取了袁庚關於建設蛇口工業區五點體會的彙報後，問袁庚要多大權力。

1981 年　64 歲

4 月 14 日，國務院副總理萬里視察蛇口工業區，聽取了袁庚的彙報後，很高興地說：「你們幹得很好，就照這樣幹。」

4 月 29 日，丹麥女王在訪港的盛大酒會上，接見袁庚。

8 月，趙紫陽總理視察蛇口工業區，聽取袁庚彙報，肯定「蛇口模式」。

11 月，蛇口第一期企業管理幹部培訓班開學，此後又開辦了數期，為工業區培養了大批管理人才，被譽為蛇口的「黃埔軍校」。

年末，袁庚在多個場合多次提出「時間就是金錢，效率就是生命」的口號。

1982 年　65 歲

3 月，給中組部部長宋任窮寫信，提出在有關省市院校「招考招聘」所需人才。

6 月，袁庚出任中國國際海運集裝箱股份有限公司首任董事長。

7 月，中國第一家股份制中外合資企業 —— 中國南山開發股份有限公司成立。袁庚被公推為董事長兼總經理。

1983 年　66 歲

年初在蛇口分一住房，從此在香港、蛇口兩地奔波。後來在蛇口工業區試行「幹部凍結原有級別，實行聘任制」，並對領導幹部實行公開的民主選舉和信任投票制度。

2 月 9 日，中共中央總書記胡耀邦視察蛇口工業區，袁庚向他彙報了關於直接、公開選舉管理委員會委員和每年進行信任投票的設想，胡耀邦點頭稱好。

4 月 4 日，蛇口工業區正式改「建設指揮部」為「管理委員會」，並宣佈新的黨委、管委會領導班子組成。袁庚兼任蛇口工業區黨委書記與管委會主任。

1984 年　67 歲

1 月 26 日，在蛇口迎來視察深圳的鄧小平、楊尚昆一行，「時間就是金錢，效率就是生命」口號獲得鄧小平肯定。

4 月，在中央書記處擴大會議（又名沿海部分城市座談會）上作重點發言。時任國務院副總理王震對袁庚說，總理說，你的每一句話都是尖銳的。國務委員余秋里說，你為共產黨人爭了一口氣。會後，中央決定開放 14 個沿海港口城市。

6 月，中央批准袁庚為谷牧同志的顧問。

8 月 17 日，應邀訪問福建，作三場報告。

10 月 8 日，經深圳市委批准，袁庚出任蛇口區委書記。

1985 年　68 歲

2 月，袁庚提議，派員赴美國和加拿大招聘學成的自費留學生到工業區工作，以開闢一條人才來源的新渠道。

同月，支持蛇口工業區「機關報」《蛇口通訊》點名批評自己，並稱：除非總編輯沒有把握要求審查，黨委可以不審查稿件。

4 月，蛇口工業區選舉第二屆管委會領導班子。袁庚得票數第一。

10 月，袁庚批准成立全國第一家由企業創辦的保險機構 —— 蛇口社會保險公司。1988 年 3 月，經中國人民銀行批准，發展成為平安保險公司。

12 月 25 日，袁庚在谷牧主持的特區工作會議上發言。發言的標題是《克服困難，迎接未來》。

1986 年　69 歲

3 月 6 日，《人民日報》發表袁庚的署名文章《重債在身，如負千斤》。3 月 26 日，袁庚創辦的南海酒店開業。

5 月 6 日，應香港中文大學中國經濟特區資料研究室邀請，在當代亞洲研究中心作題為《蛇口 —— 中國開放改革的試管》的報告。

11 月 11 日，袁庚出席在日本召開的「第二屆中日經濟討論會」，並作了題為《中國開放政策和中日經濟關係》的長篇講話。

1987 年　70 歲

4 月 8 日，袁庚提出創辦招商銀行的建議獲得批准 ── 中華人民共和國第一家由企業創辦的股份制商業銀行招商銀行在蛇口工業區舉行開業典禮。袁庚在開業典禮上致詞。

同月，袁庚下決心將管委會改為董事會，力圖讓工業區恢復企業的本來面目。

1988 年　71 歲

1 月 13 日，一場「青年教育專家與蛇口青年座談會」引發了日後轟動全國的「蛇口風波」。

8 月，《人民日報》組織討論，在 8 月 6 日見報的文章中，袁庚公開表態：在蛇口不許以言治罪。並表示讚賞「我可以不同意你的觀點，但我誓死捍衛你發表不同意見的權利」一語。

9 月 10 日，蛇口工業區舉行引進工作彙報會。袁庚再一次明確指出「蛇口工業區要轉型，要發展知識密集型行業，要提高智能公司，發展智力輸出，要發展第三產業，要把建設蛇口港放在第一位，更好地發揮蛇口作用」。

1989 年　72 歲

2 月 2 日，袁庚在蛇口工業區的幹部大會上講話，希望將蛇口建設成為高智能的社區。

3 月 29 日，蛇口工業區總經理辦公室編發內部情況簡報，公佈了多家石油公司對蛇口投資環境和南油服務工作提出的尖銳批評。袁庚在簡報上批示：「看了這份簡報，真叫人難過，欲哭無淚，難道我們真是這麼低能的民族，永遠振作不起來嗎？建議公開內部醜聞，是起死回生的時候了。」

9 月 30 日，袁庚在紀念蛇口工業區建區 10 周年的兩個酒會上發表演講，強調堅定不移地探索具有中國特色的社會主義道路。

1993 年　76 歲

3 月，離休，正部級待遇。晚年在蛇口定居。

2003 年　86 歲

7 月，袁庚被香港特區政府授予「金紫荊勳章」。

10 月，被上海市人民政府授予「中國改革之星」的稱號。

2005 年　88 歲

9 月 1 日，深圳市委書記李鴻忠向袁庚頒發由黨中央、國務院、中央軍委製作的中國人民抗日戰爭勝利 60 周年紀念章。

2006 年　虛歲 90

4 月 23 日，大病初癒，應蛇口工業區之邀，乘船遊覽蛇口海域，查看晚年獻身的這片熱土，度過九十上壽。

2016 年 1 月 31 日　99 歲

因病醫治無效，在深圳蛇口逝世，享年 99 歲。

摘自涂俏：《袁庚傳：改革現場 (1978 ─ 1984)》，作家出版社，2008 年版，第 494─501 頁。略有訂正。

參考書目

1. 曾生：《曾生回憶錄》，解放軍出版社，1992 年版

2. 《旗紅大鵬灣》編纂委員會：《旗紅大鵬灣》，海天出版社，2005 年版

3. 黃日光等：《大鵬烽煙》，海天出版社，1991 年版

4. 陳敬堂：《香港抗戰英雄譜》，中華書局，2014 年版

5. 《輯錄蛇口》編纂委員會：《輯錄蛇口》，內部資料，2014 年版

6. 馬立誠：《蛇口風波》，中國新聞出版社，1989 年版

7. 周祺芳主編：《見證蛇口》，花城出版社，1999 年版

8. 鞠天相：《爭議與啟示 —— 袁庚在蛇口紀實》，中國青年出版社，1998 年版

9. 洪洋：《太陽從南邊升起：蛇口日記》，作家出版社，2008 年版

10. 陳禹山、陳少京：《袁庚之謎》，花城出版社，2005 年版

本書圖片由招商局檔案館、袁庚家人及相關人士提供。

責任編輯	梅　林
版式設計	彭若東
封面設計	霍明志
責任校對	江蓉甬
排　　版	肖　霞
印　　務	馮政光

書　　名	袁庚傳奇
叢 書 名	20 世紀中國
作　　者	涂　俏
出　　版	香港中和出版有限公司 Hong Kong Open Page Publishing Co., Ltd. 香港北角英皇道 499 號北角工業大廈 18 樓 http://www.hkopenpage.com http://www.facebook.com/hkopenpage http://weibo.com/hkopenpage Email: info@hkopenpage.com
香港發行	香港聯合書刊物流有限公司 香港新界荃灣德士古道 220-248 號荃灣工業中心 16 樓
印　　刷	美雅印刷製本有限公司 香港九龍官塘榮業街 6 號海濱工業大廈 4 字樓
版　　次	2021 年 5 月香港第 1 版第 1 次印刷
規　　格	16 開(168mm×230mm) 304 面
國際書號	ISBN 978-988-8763-15-3 © 2021 Hong Kong Open Page Publishing Co., Ltd. Published in Hong Kong